MANUEL

DES

FRAIS DE JUSTICE

EN MATIÈRE CRIMINELLE.

A COULOMMIERS, DE L'IMPRIMERIE DE BRODARD.

MANUEL

DES

FRAIS DE JUSTICE

EN MATIÈRE

CRIMINELLE, CORRECTIONNELLE
ET DE SIMPLE POLICE,

CONTENANT

LES LOIS, DÉCRETS, ORDONNANCES

ET L'ANALYSE DES DÉCISIONS MINISTÉRIELLES, CIRCULAIRES
ET INSTRUCTIONS QUI Y ONT RAPPORT.

Par MM. GARNIER DUBOURGNEUF, Docteur en Droit,
Procureur du Roi,

et DUFRESNEAU, Receveur de l'Enregistrement, à Coulommiers.

A PARIS,

Chez {
FAYET, LIBRAIRE, AU BUREAU DU JOURNAL DE
L'ENREGISTREMENT, RUE DE LA MICHODIÈRE,
N°. 12.
R. WARÉE, FILS AÎNÉ, LIBRAIRE, AU PALAIS DE
JUSTICE.

1823.

AVERTISSEMENT.

LA taxe et le paiement des frais de justice ne se font pas partout avec la régularité désirée, ni selon le mode réglé et les formes requises. Ces inexactitudes donnent souvent lieu à la réduction des sommes portées dans les *états* ou mémoires, à des rôles de restitution, et même au rejet total des dépenses non autorisées ou non suffisamment justifiées. Ceux qui ont coopéré à la liquidation et au paiement de ces frais sont obligés de rembourser, de leurs propres deniers, le montant des taxes abusives et irrégulières.

Pour parer à ces inconvéniens, il est nécessaire que tous ceux qui, par leurs fonctions, sont chargés de la taxe, du paiement ou de la vérification des frais de justice criminelle, fassent une étude approfondie des lois et de toutes les instructions relatives à cette branche importante de l'administration de la justice et des finances de l'État. Si l'on n'en possède parfaitement la théorie, on ne pourra éviter de tomber dans de fréquentes erreurs et de compromettre ainsi sa responsabilité.

Mais cette étude longue et minutieuse par elle-même offre une difficulté de plus, par la peine qu'on éprouve à en rassembler les élémens.

Indépendamment des tarifs du 18 juin 1811 et du 7 avril 1813, il existe beaucoup d'autres dispositions législatives, et surtout une longue série d'instructions, de circulaires et décisions, dont il est nécessaire de se pénétrer. Cependant elles n'ont pas été réunies, et il faut les chercher dans de volumineuses collections où elles sont disséminées.

L'utilité d'un recueil sur cette matière se faisait donc sentir : c'est cette lacune que les auteurs de cet ouvrage ont voulu remplir. Ils n'ont rien négligé pour rendre leur travail aussi complet que possible. Tous les textes des lois s'y trouvent rassemblés, les instructions émanées des Ministères et Administrations, les arrêts et jugemens rendus par les Cours et Tribunaux ont été consultés, et des extraits rédigés avec soin.

Presque tous ces extraits ayant été tirés de la collection des circulaires de la Régie et des instructions données par M. le Directeur général de l'administration de l'enregistrement et des domaines, ainsi que du journal de l'enregistrement, les auteurs ont indiqué les sources où ces citations ont été puisées , afin qu'on puisse y avoir recours dans le cas où la matière ne paraîtrait pas suffisamment éclaircie.

Les modèles arrêtés par Son Excellence le ministre de la justice , pour l'exécution du réglement du 18 juin 1811, manquant, soit totalement, soit en partie , dans la plupart des parquets , greffes et bureaux d'enregistrement , on a cru devoir les faire réimprimer , en indiquant les modifications nécessitées par les lois postérieures. Enfin une table alphabétique et raisonnée des matières a été faite avec toute l'exactitude possible.

Les auteurs de ce *Manuel* se sont proposés de donner un livre utile aux magistrats, fonctionnaires publics, employés comptables, officiers ministériels, et ils osent se flatter d'avoir atteint ce but.

(4)

ERRATA.

Pag. 5, *lig.* 27, 18 juin 1811, *lisez* 11 juillet 1812.
— 32 — 28, note (157) *lisez* note (156).
— 40 — 19, *supprimez* cette ligne et *reportez* la après l'alinéa
suivant.
— 66 — 25, note (61) *lisez* note (67).
— 84 — 22, 7 mai *lisez* 9 avril.
— 122 — 19, note (167) *lisez* note (170).
— 250 — 13, 1813 *lisez* 1823.

TABLE

DES

MATIÈRES.

DES MATIÈRES.

iij

Fin de la Table des matières.

MANUEL

DES FRAIS DE JUSTICE

EN MATIÈRE

CRIMINELLE, CORRECTIONNELLE ET DE SIMPLE POLICE.

DÉCRET

Contenant réglement pour l'administration de la justice en matière criminelle, de police correctionnelle et de simple police, et tarif général des frais.

Du 18 juin 1811.

Sur le rapport du Ministre de la justice;

Vu les lois et réglemens concernant les frais de justice criminelle, et notamment la loi du 30 nivôse an 5, l'arrêté du Gouvernement du 6 messidor an 6, les lois des 18 germinal an 7, 7 pluviôse an 9, 5 pluviôse an 13, le décret du 24 février 1806 et la loi du 5 septembre 1807;

Vu aussi le code d'instruction criminelle, le code pénal, la loi organique du 20 avril 1810, le décret du 6 juillet de la même année, et les décrets des 30 janvier et 2 février 1811;

Le Conseil d'État entendu,

Il a été décrété ce qui suit:

1.

Dispositions préliminaires.

ART. 1ᵉʳ. L'administration de l'enregistrement continuera de faire l'avance des frais de justice criminelle, pour les actes et procédures qui seront ordonnés d'office ou à la requête du ministère public; sauf à poursuivre, ainsi que de droit, le recouvrement de ceux desdits frais qui ne sont point à la charge de l'État, le tout dans la forme et selon les règles établies par le présent décret.

ART. 2. Sont compris sous la dénomination de frais de justice criminelle, sans distinction des frais d'instruction et de poursuite en matière de police correctionnelle et de simple police,

1°. Les frais de translation des prévenus ou accusés, de transport des procédures et des objets pouvant servir à conviction ou à décharge;

2°. Les frais d'extradition des prévenus, accusés ou condamnés;

3°. Les honoraires et vacations des médecins, chirurgiens, sages-femmes, experts et interprètes;

4°. Les indemnités qui peuvent être accordées aux témoins et aux jurés;

5°. Les frais de garde de scellés, et ceux de mise en fourrière;

6°. Les droits d'expédition et autres alloués aux greffiers ;

7°. Les salaires des huissiers ;

8°. L'indemnité accordée aux officiers de justice dans les cas de transport sur le lieu du crime ou délit ;

9°. Les frais de voyage et de séjour accordés aux conseillers dans les cours royales, et aux conseillers-auditeurs délégués pour compléter le nombre des juges d'une cour d'assises ou spéciale, ainsi qu'aux officiers du ministère public, autres néanmoins que les substituts en service près les cours d'assises et spéciales (1) hors du chef-lieu, à l'égard desquels il a été statué par l'art. 10 du décret du 30 janvier 1811 ;

10°. Les frais de voyage et de séjour aux-

____

(1) Ces places ont été supprimées par la loi du 25 décembre 1815, ainsi conçue :

Art. 1er. Les places de substituts des Procureurs généraux faisant fonctions de Procureurs criminels dans les départemens sont supprimées.

Art. 2. Les fonctions du ministère public qui étaient attribuées à nos Procureurs au criminel, seront exercées par nos Procureurs près les tribunaux de première instance des arrondissemens dans lesquels siégeront les cours d'assises, ou par leurs substituts.

Art. 3 Les fonctions de surveillance qui étaient attribuées à nos Procureurs au criminel par le Code d'instruction criminelle, et les réglemens postérieurs, seront exercées directement par nos Procureurs généraux.

quels l'instruction des procédures peut donner
lieu ;

11°. Le port des lettres et paquets pour
l'instruction criminelle ;

12°. Les frais d'impression des arrêts, jugemens et ordonnances de justice ;

13°. Les frais d'exécution des jugemens
criminels et les gages des exécuteurs ;

14°. Les dépenses assimilées à celles de
l'instruction des procès criminels, et qui ré-
sulteront, savoir,

Des procédures d'office pour l'interdiction ;

Des poursuites d'office en matière civile ;

Des inscriptions hypothécaires requises par
le ministère public ;

Du transport des greffes (2).

---

(2) Il faut encore comprendre sous la dénomination
de frais de justice criminelle :

1°. Ceux de transport d'un greffe supprimé ;

(*Lettre du Ministre de la justice, du 11 juin* 1808. *Article* 2928 *du journal de l'enregistrement.*)

2°. Ceux d'impression des états sommaires des jugemens criminels ;

(*Décision du Ministre de la justice du* 13 *germinal
an* 12.)

3°. Ceux faits sur l'intervention d'office des Procureurs du Roi, pour réparer les omissions ou inexactitudes,

ART. 3. Ne sont point compris sous la dénomination de frais de justice criminelle,

1°. Les honoraires des conseils ou défenseurs des accusés, même de ceux qui sont

---

sur les registres de l'état civil, d'actes concernant des indigens;

(*Décision des Ministres de la justice et des finances du.....Instruction de M. le Directeur général de l'enregistrement, du 6 brumaire an 11.*)

4°. Ceux de poursuites en matière de police correctionnelle, lorsqu'il y a une partie civile dont l'indigence a été constatée par un certificat authentique;

(*Lettre du Ministre de la justice au Ministre des finances, du 10 novembre 1808 et instruction de M. le Directeur général de l'enregistrement, du 21 janvier 1809.*)

5°. Ceux de poursuites de contraventions en matière de grande voirie, lorsque ces délits sont jugés correctionnellement ou criminellement;

(*Circulaire du Ministre de l'intérieur aux Préfets, du 31 décembre 1808.*)

6°. Ceux pour contraventions aux lois sur les mines;

(*Décision du Garde des Sceaux du 9 septembre 1817, Article 5860 du journal de l'enregistrement.*)

7°. Ceux des procédures instruites devant les tribunaux à la requête du ministère public contre les vagabonds;

(*Décision du Ministre de la justice, du 18 juin 1811. Article 4402 du journal de l'enregistrement.*)

8°. Ceux d'une visite ordonnée par le maire, d'un cadavre trouvé sur le territoire de sa commune;

(*Arrêt de la cour de cassation du 19 juin 1816. Article 5536 du journal de l'enregistrement.*)

nommés d'office, non plus que les droits et honoraires des avoués, dans les cas où leur ministère serait employé;

9°. Ceux d'enlèvemens et de transports requis par les officiers de justice, de cadavres trouvés sur la voie publique ou noyés ;

(*Décision du Ministre de la justice, du 31 janvier 1816. Article 5590 du journal de l'enregistrement.*)

10°. Les droits des greffiers pour assistance aux exécutions : Ils sont sans recours contre les condamnés ;

(*Lettre du Ministre de la justice au Ministre des finances, du 22 avril 1813, transcrite dans la circulaire de M. le Directeur général de l'enregistrement du 17 mai 1813.*)

11°. Les exécutoires délivrés aux officiers de santé, pour avoir constaté l'existence de l'empreinte de la marque appliquée à des condamnés ;

(*Décision du Ministre de la justice, du 11 mars 1817. Article 5725 du journal de l'enregistrement.*)

12°. Les frais de condamnation prononcée, en cour d'assises, contre un employé d'une administration ;

(*Décision du Ministre des finances, du 17 décembre 1814. Article 5083 du journal de l'enregistrement.*)

13°. Ceux relatifs aux crimes et délits en matière de douanes;

(*Décisions des Ministres de la justice et des finances, des 10 et 21 octobre et 15 novembre 1815. Articles 5566 et 5368 du journal de l'enregistrement.*)

14°. Les frais de transport des individus traduits devant la cour des Pairs;

(*Décision du Ministre de la justice, du 7 avril 1821. Article 6952 du journal de l'enregistrement.*)

2°. Les indemnités de route des militaires en activité de service, appelés en témoignage devant quelques juges ou tribunaux que ce soit, et ce, conformément à l'article 69 de la loi du 28 germinal an 6 (3), et à l'arrêté du Gouvernement du 22 messidor an 5 (4);

3°. Les frais d'apposition des affiches d'arrêts, jugemens ou ordonnances de justice, lesquels continueront à être payés par les communes, ainsi qu'il résulte des articles 9 et 10 de l'arrêté du Gouvernement du 27 brumaire an 6 (5);

1°. Les vacations des chirurgiens *requis d'office* pour constater des contraventions à la loi du 21 prairial an 11, sur l'organisation des écoles de pharmacie.

(*Lettre du Ministre de la justice au Ministre des finances, du 7 octobre 1806. Art. 2428 du journal de l'enregistrement.*)

(3) Voyez la note (20) sur l'art. 12 ci-après.

(4) Voyez la note (37) sur l'art. 31 ci-après.

(5) Ces articles sont ainsi conçus :

Art. 9. « Les exemplaires destinés aux communes seront adressés par le commissaire du Gouvernement près le tribunal criminel, aux commissaires près les tribunaux correctionnels, qui les transmettront aux commissaires près les administrations municipales.

Ceux-ci veilleront à ce que les administrations municipales les fassent afficher aux lieux les plus apparens.

Art 10. Il ne sera alloué pour l'apposition des affiches, aucune somme à la charge du trésor de l'État. »

4°. Les frais d'inhumation des condamnés et de tous cadavres trouvés sur la voie publique ou dans quelqu'autre lieu que ce soit, lesquels sont également à la charge des communes, aux termes de l'article 26 du décret du 23 prairial an 12 (6), lors toutefois que les cadavres ne sont pas reclamés par les familles, et sauf le recours des communes contre les héritiers;

5°. Les frais de translation des condamnés dans les bagnes, dans les maisons centrales de correction, etc., lesquels continueront d'être à la charge du ministère de l'intérieur, conformément à l'avis du conseil d'état du 10 janvier 1807, approuvé le 16 février suivant (7);

6°. Les frais de conduite des mendians et vagabonds, qui ne sont point traduits devant les tribunaux, lesquels continueront d'ê-

----

(6) Cet article est ainsi conçu :

« Dans les villages où le droit précité, (celui de fournir les voitures, tentures, ornemens, et de faire généralement toutes les fournitures quelconques nécessaires pour les enterremens, et pour la décence ou la pompe des funérailles), ne pourra être exercé par les fabriques ; les autorités locales y pourvoiront, sauf l'approbation des Préfets. »

(7) Cet avis est ainsi conçu :

« Le Conseil d'État, qui, en exécution du renvoi ordonné par sa Majesté, a entendu le rapport de la section

tre à la charge du ministère de l'intérieur , conformément à l'avis du conseil d'état du 1er. décembre 1807 , approuvé le 11 janvier 1808 (8);

7°. Les frais de translation de tous individus arrêtés par mesure de haute police , lesquels continueront à être payés par le mi-

---

de l'intérieur sur celui du Ministre de ce département , contenant diverses questions relatives au paiement des dépenses de certains prisonniers ou accusés transférés , est d'avis ,

1°. Que les dépenses de prison et conduite , relatives aux marins ou militaires condamnés aux travaux publics ou au boulet, sont à la charge des Ministres respectifs de la marine et de la guerre ;

2°. Que les dépenses des condamnés aux fers, pour leur séjour ou conduite, par les tribunaux militaires , maritimes ou civils, et même des militaires ou marins , sont à la charge du Ministre de l'intérieur ;

3°. Enfin, que les dépenses de route ou séjour momentané , pendant la translation des prisonniers transférés par ordre des tribunaux ou cours , Procureurs généraux ou Procureurs du Roi, doivent être acquittées , comme frais généraux de justice , par le Domaine , et allouées sur les ordonnances du Ministre de la justice , et non sur les centimes variables des départemens, affectés aux dépenses des prisons , lesquelles n'ont été fixées que comme dépenses locales et particulières à chaque département. »

(8) Cet avis est ainsi conçu :

« Le Conseil d'État, vu son avis du 10 janvier dernier, approuvé le 16 février suivant;

nistère de la police, conformément au même avis ;

8°. Les frais de translation de tous condamnés évadés du lieu de leur détention, qui continueront à être supportés par les ministères de la guerre, de la marine, de l'intérieur et de la police, chacun en ce qui le concerne ;

9°. Les dépenses des prisons, maisons de correction, maisons de dépôt, d'arrêt et de justice, lesquelles resteront à la charge du ministère de l'intérieur, en vertu de la loi du 10

La demande du Ministre de l'Intérieur, tendant à faire régler par quel département du ministère, et sur quels fonds doivent être payés les frais de translation et séjour des mendians, des vagabonds, reconduits à leurs municipalités, ou conduits par ordre de la police municipale à des lieux de détention, des étrangers expulsés, ou des individus déportés hors du royaume, par mesure de haute police, est d'avis,

1°. Que lorsque des mendians et vagabonds sont reconduits par ordre de la police municipale, dans le lieu de leur naissance ou domicile, ou dans des maisons de détention, les frais de voyage, nourriture, conduite et séjour, doivent être acquittés par le Ministre de l'intérieur, sur les fonds généraux alloués à cet effet ;

2°. Que lorsque des individus sont reconduits à la frontière, expulsés ou déportés hors du territoire de France, ou transférés d'un lieu à un autre, par mesure de haute police, les frais du voyage, nourriture, conduite et séjour, doivent être acquittés par le Ministre de la police, et sur les fonds généraux alloués à cet effet;

vendémiaire an 4 et de l'arrêté du Gouvernement du 23 brumaire suivant (9) ;

10°. Les frais de translation des déserteurs des armées de terre et de mer , qui sont à la charge des ministères de la guerre et de la marine ;

11°. Les dépenses occasionnées par les poursuites intentées devant les tribunaux militaires ou maritimes, et les frais de procédures qui ont lieu devant les tribunaux ordinaires contre les conscrits réfractaires et les déserteurs, lesquels sont également à la charge des ministères de la guerre et de la marine , conformément aux articles 8 et 9 du décret du 8 juillet 1806 (10);

———————————————

3°. Que le présent avis et celui approuvé par sa Majesté, le 16 février dernier , doivent être insérés au bulletin des lois. »

(9) Cet arrêté est ainsi conçu :

Art. 15. « Quant aux dépenses généralement quelconques , relatives aux détenus dans les prisons , maisons d'arrêt , de justice et de reclusion , soit en santé, soit en maladie , et au traitement des concierges, geoliers et employés de ces mêmes maisons , elles seront ordonnancées par le Ministre de l'intérieur , chargé par la loi du 10 vendémiaire dernier, des prisons, maisons d'arrêt, maisons de justice et maisons de réclusion. »

(10) Ces articles sont ainsi conçus :

Art. 8. « Les fonds provenant des amendes prononcées

12°. Toutes autres dépenses, de quelque nature qu'elles soient, qui n'ont pas pour objet la recherche, la poursuite et la punition de crimes, délits ou contraventions de la compétence, soit de la haute cour, soit des cours royales, des cours d'assises ou spéciales, soit des tribunaux correctionnels ou de simple police, sauf les exceptions énoncées dans le titre 2 du présent décret (11).

---

par les lois relativement au fait de la conscription et de la désertion, seront affectés aux dépenses de recrutement.

Art. 9. Aucune dépense sur les produits de la conscription, ne pourra être faite, qu'en vertu d'une ordonnance du Ministre de la guerre à lui présentée par le directeur-général, et que pour les objets déterminés ci-après :

1°. Indemnités qui devront être payées aux officiers de santé pour la visite des conscrits ;

2°. Frais d'administration des bataillons de réserve ;

3°. Dépenses générales d'administration pour la conscription ;

4°. Paiement des gratifications accordées par les lois, aux gendarmes, gardes forestiers des domaines, gardes champêtres des communes qui auront arrêté des conscrits et des déserteurs ;

5°. Dépenses des jugemens des déserteurs condamnés.

Nulle autre dépense sur les produits de la conscription ne pourra être faite qu'en exécution d'un décret du Gouvernement. »

(11) Les frais de reliure des arrêts et jugemens rendus depuis la loi du 21 ventôse an 7, ne doivent pas être

TITRE Ier.

Tarif des frais.

CHAPITRE Ier.

Des frais de translation des prévenus ou accusés, de transport des procédures et des objets pouvant servir à conviction ou à décharge.

Art. 4. Les prévenus ou accusés seront conduits à pied par la gendarmerie, de brigade en brigade : néanmoins ils pourront, si des circonstances extraordinaires l'exigent, être transférés, soit en voiture, soit à cheval, sur les réquisitions motivées de nos officiers de justice.

Les réquisitions seront rapportées en original, ou par copies dûment certifiées par les officiers qui donneront les ordres, à l'appui de chaque état ou mémoire de frais à fournir par ceux qui auront fait le transport.

---

supportés par le trésor. Ils rentrent dans les menues dépenses des cours et tribunaux respectifs, et doivent être, en conséquence, imputés sur les fonds qui leur sont alloués à ce titre.

(*Décision du Ministre de la justice du* 14 *janvier* 1806. *Art.* 2223 *du journal de l'enregistrement.*)

ART. 5. Lorsque la translation par voie extraordinaire sera ordonnée d'office, ou demandée par le prévenu ou accusé, à cause de l'impossibilité où il se trouverait de faire ou de continuer le voyage à pied, cette impossibilité sera constatée par certificat de médecin ou de chirurgien.

Ce certificat sera mentionné dans la réquisition et y demeurera joint (12).

ART. 6. Dans les cas d'exception ci-dessus, la translation des prévenus ou accusés sera faite par les entrepreneurs généraux (13) des

---

(12) Lorsque la translation du même individu s'effectuera par plusieurs préposés, chacun des préposés, excepté le dernier, devra joindre, à l'appui de son mémoire, copie de la première réquisition et du certificat de l'officier de santé ; cette copie sera certifiée par le maire du lieu de l'arrivée, et le certificat fera mention du *vu arriver*. Le dernier préposé joindra l'original de la première réquisition, et celui du certificat de l'officier de santé ; il fera mettre le *vu arriver* sur la réquisition, par le concierge de la maison de justice ou de la maison d'arrêt, dans laquelle il aura conduit le prisonnier.

(*Note explicative du mémoire modèle n°. 5.*)

(13) Le sieur *Petit-Maudetour*, entrepreneur général des convois militaires, étant aussi chargé du transport des prévenus et accusés civils, les mémoires de frais résultant de ce transport doivent être dressés en son nom, et ne peuvent, dans aucun cas, être payés qu'entre ses mains ou celles de ses fondés de pouvoir.

(*Décision du Garde des Sceaux, du 26 octobre 1822. Art. 7314 du journal de l'enregistrement.*)

transports et convois militaires, et aux prix de leur marché (14).

Dans les localités où le service des transports militaires ne sera point organisé, les

---

(14) TABLEAU des prix adoptés par le Ministre de la justice, pour le transport des prévenus et accusés dans chacun des départemens ci-après :

Ain. — Aisne. — Ardennes. — Calvados. — Côtes-du-Nord. — Doubs. — Eure. — Eure-et-Loir. — Finistère. — Ille-et-Vilaine. — Jura. — Loiret. — Manche. — Marne. — Meurthe. — Meuse. — Morbihan. — Moselle. — Nord. — Oise. — Orne. — Pas-de-Calais. — Rhin (Bas). — Rhin (Haut). — Saône (Haute). — Seine. — Seine-Inférieure. — Seine-et-Marne. — Seine-et-Oise. — Somme. — Vosges.

	f.	c.
la voiture à 4 colliers . .	22	
—— à 3. colliers . .	16	
—— à 2. colliers . .	13	25
—— à 1. collier . . .	8	
le cheval de selle	6	50
—— de trait.	6	25
—— de bât.	6	

Alpes (Basses). — Alpes (Hautes). — Allier. — Ardèche. — Ariège. — Aube. — Aude. — Aveyron. — Bouches-du-Rhône. — Cantal. — Charente. — Charente-Inférieure. — Cher. — Corrèze. — Côte-d'Or. — Creuse. — Dordogne. — Drôme. — Gard. — Garonne (Haute). — Gers. — Gironde. — Hérault. — Indre. — Indre-et-Loire. — Isère. — Landes. — Loir-et-Cher. — Loire. — Loire-Inférieure. — Loire (Haute). — Lot. — Lot-et-Garonne. — Lozère. — Maine-et-Loire. — Marne (Haute). — Mayenne. — Nièvre. — Puy-de-Dôme. — Pyrénées (Basses). — Pyrénées (Hautes). — Pyrénées-Orientales. — Rhône. — Saône-et-Loire. — Sarthe. — Sèvres (Deux). — Tarn. — Tarn-et-Garonne. — Var. — Vaucluse. — Vendée. — Vienne. — Vienne (Haute). — Yonne.

	f.	c.
la voiture à 4 colliers. . .	22	50
—— à 3 colliers. . .	17	20
—— à 2 colliers. . .	14	75
—— à 1 collier . .	8	75
le cheval de selle.	7	53
—— de trait	7	
—— de bât	6	

réquisitions seront adressées aux officiers municipaux, qui y pourvoiront par les moyens ordinaires et aux prix les plus modérés (15).

Art. 7. Les prévenus et accusés pourront toujours se faire transporter en voiture à leurs frais, en se soumettant aux mesures de précaution que prescrira le magistrat qui aura ordonné la translation, ou le chef d'escorte chargé de l'exécuter.

Art. 8. La translation des prévenus ou accusés, soit dans l'intérieur de Paris, soit de Paris à Bicêtre et de Bicêtre à Paris, se fera toujours par voitures fermées et par un entrepreneur particulier, en vertu d'un marché passé par le Préfet du département de la Seine, et qui ne pourra être exécuté qu'avec l'approbation du Ministre de la justice.

Art. 9. Les procédures et les effets pouvant servir à conviction ou à décharge, seront transportés par les gendarmes chargés de la conduite des prévenus ou accusés.

Si, à raison du poids ou du volume, ces objets ne peuvent être transportés par les gendarmes, ils le seront, d'après un ordre par écrit du magistrat qui ordonnera le transport,

---

(15) Voyez ci-après la 4ᵉ. taxe du modèle n°. 4.

soit par les messageries (16), soit par les entrepreneurs des transports et convois militaires, soit par toute autre voie plus économique (17), sauf les précautions convenables pour la sûreté des objets.

Art. 10. Les alimens et autres secours indispensablement nécessaires aux prévenus ou accusés pendant leur translation, leur seront fournis dans les prisons et maisons d'arrêt des lieux de la route.

Cette dépense ne sera point considérée comme faisant partie des frais généraux de justice; mais elle sera confondue dans la masse des dépenses ordinaires des prisons et maisons d'arrêt.

Dans les lieux où il n'y a point de prisons, les officiers municipaux feront faire la fourniture des alimens et autres objets, et le remboursement en sera fait aux fournisseurs (18) comme frais généraux de justice.

Art. 11. Les gendarmes ne pourront accompagner les prévenus ou accusés au-delà

---

(16) Voyez ci-après le mémoire modèle n°. 21.

(17) Voyez ci-après la 4°. taxe du modèle n°. 4.

(18) Il faut joindre à l'appui de chaque espèce de fournitures, une quittance du fournisseur indiquant la somme payée, l'espèce, le nombre et le prix des objets fournis. (*Note explicative de l'état modèle n°. 23.*)

de la résidence d'une des brigades les plus voisines de celle dont ils feront eux-mêmes partie , sans un ordre exprès du capitaine commandant la gendarmerie du département.

Art. 12. Si, pour l'exécution d'ordres supérieurs, relatifs à la translation des prévenus ou accusés, il est nécessaire d'employer des moyens extraordinaires de transport, tels que la poste, les diligences ou autres voies semblables, les frais de ce transport et autres dépenses que les gendarmes se trouveront obligés de faire en route, leur seront remboursés comme frais de justice criminelle , sur leurs mémoires détaillés, auxquels ils joindront les ordres qu'ils auront reçus , ainsi que des quittances particulières pour les dépenses de nature à être ainsi constatées.

Si les gendarmes n'ont pas des fonds suffisans pour faire les avances , il leur sera délivré un mandat provisoire de la somme présumée nécessaire , par le magistrat qui ordonnera le transport (19).

____

(19) Pour l'ordre de la comptabilité , il est nécessaire que le mandat d'à-compte soit adressé par l'Administration de l'enregistrement au préposé de cette Administration qui doit acquitter le reste du mémoire , afin que ce mandat soit joint à l'exécutoire qui devra être décerné pour le montant total de l'état. Ce mandat sera encore né-

Il sera fait mention du montant de ce mandat sur l'ordre de transport.

A leur arrivée à leur destination, les gendarmes feront régler définitivement leur mémoire par le magistrat devant qui le prévenu devra comparaître.

Il ne sera alloué aux gendarmes aucun frais de retour ; *ils recevront seulement l'indemnité prescrite par les articles 68 et 69 de la loi du 28 germinal an 6 (20).*

---

cessaire pour s'assurer du montant de l'avance faite au gendarme, dans le cas où le réquisitoire n'en ferait pas mention, ou en cas de perte de ce réquisitoire.

Si l'avance est plus forte que le montant de l'état, le gendarme est tenu de faire le versement de l'excédant dans la caisse du préposé de l'enregistrement du lieu de la destination du prisonnier, et le préposé doit certifier, au bas de l'exécutoire, qu'il a reçu cet excédant.

(*Note explicative de l'état modèle n°.* 17.)

(20) Ces articles sont ainsi conçus :

Art. 68. « Les sous-officiers et gendarmes qui seront aussi obligés de se porter hors de leur département en vertu d'ordres supérieurs, recevront l'étape, sans aucune réduction sur leur solde, et le logement militaire.

Art. 69. Lorsque les sous-officiers et gendarmes seront envoyés hors du lieu de leur résidence, mais dans leur département, et qu'ils seront dans le cas de découcher, ils recevront un supplément de solde par nuit; savoir :

Les maréchaux des logis, 7 *décimes* ; les brigadiers, 6 *décimes*; les gendarmes, 5 *décimes*.

Art. 13. Lorsqu'en conformité des dispositions du Code d'instruction criminelle sur le faux, et dans les cas prévus notamment par les articles 452 et 454, des dépositaires publics (21), tels que les greffiers, notaires, avoués et huissiers, seront tenus de se transporter au greffe ou devant un juge d'instruction pour remettre des pièces arguées de faux,

---

Le payement leur en sera fait tous les trois mois, sur un état par département, certifié par le capitaine, et vérifié par le commissaire des guerres. Le capitaine et le commissaire des guerres, avant d'ordonner le payement, sont tenus de vérifier sur le livre de service, l'ordre que le gendarme a reçu, ensuite duquel seront les certificats des membres des administrations municipales, ou des agens nationaux des communes, ou des commissaires du Gouvernement, des lieux où ils auront couché. Ces pièces resteront entre les mains du commissaire des guerres.

Ils auront, en outre, droit au logement militaire. »

(21) Ordonnance du Roi, *qui enjoint aux officiers de l'état civil de se procurer, dans le délai fixé, de nouveaux registres de l'état civil, lorsque des cours ou tribunaux auront ordonné, pour l'instruction des causes, l'apport au greffe des registres courans.*

Du 18 août 1819.

Louis, par la grâce de Dieu, Roi de France et de Navarre, à tous ceux qui ces présentes verront, salut :

L'apport des registres courans de l'état civil aux greffes des cours et tribunaux pour l'instruction des causes qui y sont portées, ne permettant pas d'y inscrire les actes à la conservation desquels ils sont consacrés, il est né-

ou des pièces de comparaison, il leur sera
alloué, pour chaque vacation de trois heures,
la même indemnité qui leur est accordée par

cessaire, dans ce cas, de pourvoir à leur remplacement,
de manière que l'état civil puisse toujours être fidèle-
ment et régulièrement constaté.

A ces causes, sur le rapport de notre Garde des Sceaux,
Ministre secrétaire d'État au département de la justice ;

Notre conseil d'état entendu,

Nous avons ordonné et ordonnons ce qui suit :

Art. 1er. Lorsque des Cours ou Tribunaux auront ordonné l'apport au greffe des registres courans de l'é-
tat civil, les officiers de l'état civil, sur la signification
qui leur en sera faite, se procureront, dans la quinzaine
au plus tard, de nouveaux registres.

2. Aussitôt qu'ils en seront munis, ils clôront et ar-
rêteront les registres dont l'apport aura été ordonné, et
ils y mentionneront la cause pour laquelle ils sont clos
avant la fin de l'année.

3. Les Cours et Tribunaux comprendront les frais des
nouveaux registres dans la liquidation des frais et
dépens auxquels doit être condamnée la partie qui
succombe.

4. En cas d'insolvabilité du condamné, la dépense
faite pour ces nouveaux registres sera remboursée par
la régie du domaine et de l'enregistrement.

5. Notre Garde des Sceaux, Ministre secrétaire d'état
au département de la justice, et nos Ministres secrétaires
d'état de l'intérieur et des finances, sont chargés, chacun
en ce qui le concerne, de l'exécution de la présente ordonnance.

l'article 166 du décret du 16 février 1807 (22), relativement à l'inscription de faux incident.

Les dépositaires publics auront toujours le droit de faire en personne le transport et la remise des pièces, sans qu'on puisse les obliger à les confier à des tiers.

Art. 14. Les autres dépositaires particuliers recevront pour le même objet l'indemnité réglée par ledit article 166.

Art. 15. Dans les cas prévus par les deux articles précédens, les frais de voyage et de séjour des greffiers, notaires, avoués et dépo-

---

(22) Cet article est ainsi conçu :

» Il sera taxé aux dépositaires qui devront représenter les pièces de comparaison en vérification d'écriture, ou arguées de faux, en inscription de faux incident, indépendamment de leurs frais de voyage, par chaque vacation de trois heures , devant le juge commissaire ou le greffier , savoir :

f. c.

1o. Aux greffiers	1o. des Cours royales.	12
	2o. des Cours d'assises.	12
	3o. des Tribunaux de 1re. instance.	10
2o. Aux notaires	1o. de Paris	9
	2o. des départemens	6 75
3o. Aux avoués	1o. des Cours royales.	8
	2o. des Tribunaux de 1re. instance.	6
4o. Aux huissiers	1o. de Paris.	5
	2o. des départemens.	4

5o. Aux autres fonctionnaires publics ou aux particuliers , s'ils le requièrent 6

Voyez la 2e. taxe du modèle no. 4 ci-après.

sitaires particuliers, seront réglés (23) ainsi qu'il sera dit dans le chapitre 8 ci-après, pour les médecins, chirurgiens, etc.

Quant aux huissiers, on se conformera aux dispositions dudit chapitre 8 en ce qui les concerne.

CHAPITRE II.

Des Honoraires et Vacations des Médecins, Chirurgiens, Sages-Femmes, Experts et Interprètes.

Art. 16. Les honoraires et vacations des médecins, chirurgiens, sages-femmes, experts et interprètes, à raison des opérations qu'ils feront, sur la réquisition de nos officiers de justice ou de police judiciaire, dans les cas prévus par les articles 43, 44 (24), 148, 332

----

(23) Voyez la 2ᵉ. taxe du modèle nᵒ. 4 ci-après.

(24) M.gr. le Garde des Sceaux consulté sur la question de savoir, si les médecins et chirurgiens accidentellement employés en vertu de l'art. 44 du Code d'instruction criminelle peuvent être payés sur simple taxe du juge, a décidé, le 10 décembre 1814, que le nᵒ. 2 de l'article 134 du réglement, mettant au nombre des frais urgens les opérations pour lesquelles les parties prenantes ne sont pas habituellement employées, il y avait

et 333 du Code d'instruction criminelle, seront réglés ainsi qu'il suit.

Art. 17. Chaque médecin ou chirurgien recevra, savoir :

1°. Pour chaque visite et rapport, y compris le premier pansement, s'il y a lieu,

Dans notre bonne ville de Paris, *six francs ;*

Dans les villes de quarante mille habitans et au-dessus, *cinq francs ;*

Dans les autres villes et communes, *trois francs ;*

2°. Pour les ouvertures de cadavre ou autres opérations plus difficiles que la simple visite, et en sus des droits ci-dessus :

Dans notre bonne ville de Paris , *neuf francs ;*

Dans les villes de quarante mille habitans et au-dessus, *sept francs ;*

Dans les autres villes et communes, *cinq francs.*

Art. 18. Les visites faites par les sages-femmes seront payées ,

A Paris, *trois francs ;*

Dans toutes les autres villes et communes, *deux francs.*

---

lieu de faire payer sur simple taxe les indemnités de cette espèce.

(*Art.* 5551 *du journal de l'enregistrement.*)

Art. 19. Outre les droits ci-dessus, le prix des fournitures (25) nécessaires pour les opérations, sera remboursé (26).

Art. 20. Pour les frais d'exhumation des cadavres, on suivra les tarifs locaux.

Art. 21. Il ne sera rien alloué pour soins et traitemens administrés, soit après le premier pansement, soit après les visites ordonnées d'office.

Art. 22. Chaque expert (27) ou interprète recevra, pour chaque vacation de trois

---

(25) Lorsqu'il s'agit de rembourser au chirurgien des fournitures qu'il a achetées d'un tiers, le chirurgien doit joindre à son mémoire un état détaillé des fournitures, et dûment quittancé par le vendeur.

(*Note explicative du mémoire modèle n°. 22.*)

(26) L'état modèle n°. 6, contient une colonne *pour la désignation des opérations* à raison desquelles il a été alloué taxe ; mais, outre ces taxes, les articles 19 et 20 ordonnent le remboursement du prix des fournitures et le payement des frais d'exhumation. Les receveurs doivent présenter distinctement les sommes payées pour ces causes, soit en subdivisant cette colonne, soit en en établissant, immédiatement après, une nouvelle qui donne ces renseignemens.

(*Extrait de l'instruction de M. le Conseiller d'État, Directeur général de l'enregistrement, du 16 janvier 1812.*)

Voyez la 3e. taxe du modèle n°. 4 ci-après.

(27) Voyez le mémoire modèle n°. 22 ci-après, et la note précédente.

heures (28), et pour chaque rapport, lorsqu'il sera fait par écrit, savoir :

A Paris, *cinq francs ;*

Dans les villes de quarante mille habitans et au-dessus, *quatre francs ;*

Dans les autres villes et communes, *trois francs.*

Les vacations de nuit seront payées *moitié en sus.*

Il ne pourra être alloué, pour *chaque journée*, que *deux* vacations de jour et *une* de nuit.

ART. 23. Les traductions par écrit seront payées (29), pour chaque rôle de *trente lignes* à la page, et de *seize* à *dix-huit syllabes* à la ligne, savoir :

A Paris, *un franc vingt-cinq centimes ;*

Dans les villes de quarante mille habitans et au-dessus, *un franc ;*

Dans les autres villes et communes, *soixante-quinze centimes.*

ART. 24. Dans le cas de transport à plus de deux kilomètres de leur résidence, les médecins, chirurgiens, sages-femmes, experts et interprètes, outre la taxe ci-dessus fixée pour leurs vacations, seront indemnisés de leurs frais de voyage et séjour de la manière déterminée dans le chapitre 8 ci-après.

---

(28) Voyez le mémoire modèle n°. 16 ci-après.

(29) Voyez le mémoire modèle n°. 18 ci-après.

Art. 25. Dans tous les cas où les médecins, chirurgiens, sages - femmes, experts
et interprètes seront appelés (30), soit devant le juge d'instruction, soit aux débats,
à raison de leurs déclarations, visites ou rapports, les indemnités dues pour cette comparution leur seront payées comme à des témoins,
s'ils requièrent taxe (31).

CHAPITRE III.

*Des Indemnités qui peuvent être accordées aux té-
moins et aux jurés.*

Art. 26. Conformément à l'article 82 du
Code d'instruction criminelle, les témoins
entendus dans l'instruction et lors du jugement
des affaires criminelles et de police, recevront,

---

(30) Il n'est pas nécessaire, en général, de les faire
citer pour procéder aux opérations de leur ministère,
ou pour être entendus sur leurs rapports. Il suffit de les
prévenir par un simple avertissement sans frais ; et, s'il
y a lieu de leur accorder la taxe comme témoins, elle
pourra être délivrée au bas de l'avertissement visé par
l'officier du ministère public.

(*Circulaire du Ministre de la justice, du* 30 *décembre*
1812.)

(31) Les sommes payées en vertu de cet article
doivent être portées sur l'état modèle n°. 7.

Voyez la 12ᵉ. taxe du modèle n°. 4 ci-après.

s'ils le demandent, une indemnité (32) qui demeure réglée ainsi qu'il suit.

ART. 27. Pour chaque jour que le témoin (33) aura été détourné de son travail ou de ses affaires, il pourra lui être taxé, savoir :

Dans notre bonne ville de Paris, *deux francs* ;

Dans les villes de quarante mille habitans et au-dessus, *un franc cinquante centimes* ;

Dans les autres villes et communes, *un franc*.

ART. 28. Les témoins du sexe féminin, admis à déposer, et les enfans de l'un et de l'autre sexe au-dessous de l'âge de quinze ans, entendus par forme de déclaration, recevront (34), savoir :

A Paris, *un franc vingt - cinq centimes* ;

Dans les villes de quarante mille habitans et au-dessus, *un franc* ;

Dans les autres villes et communes, *soixante-quinze centimes*.

---

(32) MM. les Magistrats ne doivent pas oublier que l'obligation de paraître en témoignage est une charge imposée à tous les citoyens, et que si la loi accorde quelques indemnités aux témoins, elle n'a eu pour but que de rendre cette charge plus supportable aux individus vivant de leur travail journalier.

(*Extrait de l'instruction de la chancellerie du 2 novembre 1816.*)

(33) Voyez la 6e. taxe du modèle n°. 4 ci-après.

(34) Voyez la note précédente.

Art. 29. Les témoins qui comparaîtront en justice dans un état de maladie ou d'infirmité dûment constaté, auront droit au double de la taxe accordée aux témoins valides (35).

Art. 3o. Si les témoins sont obligés de se transporter hors du lieu de leur résidence, il pourra leur être alloué des frais de voyage et de *séjour*, tels qu'ils seront réglés dans le chapitre 8 ci-après.

Audit cas, les *frais de séjour*, tels qu'ils seront fixés par le n°. 2 de l'article 96 ci-après, leur tiendront lieu de la taxe déterminée dans les articles 27 et 28 ci-dessus.

Art. 31. Nos officiers de justice n'accorderont aucune taxe aux militaires en activité de service, lorsqu'ils seront appelés en témoignage.

Néanmoins, il pourra leur être accordé une indemnité pour leur *séjour forcé* (36) hors de leur garnison ou cantonnement, en se con-

---

(35) Voyez le décret du 7 avril 1813, art. 1er. ci-après.

(36) D'après une décision du Ministre de la justice, du 8 novembre 1816, il était accordé aux militaires appelés en témoignage, une indemnité de séjour forcé à compter du jour de départ de leur garnison ou cantonnement jusqu'à celui de leur retour ; mais un nouvel examen de cette décision a donné lieu de reconnaître qu'elle

formant, pour les officiers de tout grade, à la fixation faite par le n°. 2 de l'article 96 du présent décret, et en allouant la moitié seulement de ladite indemnité aux sous-officiers et soldats (37).

ART. 32. Tous les témoins qui reçoivent

---

n'était pas conforme aux dispositions du réglement du 18 juin 1811. En effet, le n°. 2 de l'art. 3 de ce réglement dispose que les indemnités de route des militaires en activité de service appelés en témoignage devant quelques juges ou tribunaux que ce soit, ne sont point comprises dans les frais de justice criminelle, et l'art. 31 défend de leur accorder aucune taxe; mais il doit leur être tenu compte sur les fonds du ministère de la guerre des indemnités auxquelles ils peuvent avoir droit.

Néanmoins, d'après le 2e. alinéa du même art. 31, il peut être accordé à ces militaires, sur les fonds du ministère de la justice, des frais de séjour forcé, hors de leur garnison ou cantonnement. Le montant de ces frais se trouve réglé par le même alinéa et par l'art. 96 du réglement.

Il convient encore de remarquer que ces frais ne peuvent et ne doivent être alloués que pour les jours que ces militaires sont obligés de passer dans les villes où ils sont appelés en témoignage, et où leur présence est nécessaire. On ne doit point comprendre dans la taxe le jour de leur arrivée ni celui de leur départ.

(*Circulaire de M. le Procureur général près la cour royale de Paris, du 5 novembre 1817.*)

(37) Voyez la 10e. taxe du modèle n°. 1 ci-après.

un traitement quelconque, à raison d'un service public, n'auront droit qu'au remboursement des frais de voyage, s'il y a lieu et s'ils le requièrent, sur le pied réglé dans le chapitre 8 ci-après (38).

Art. 33. Conformément à la loi du 5 pluviôse an 13 (39), l'indemnité accordée aux témoins ne sera avancée par le trésor royal, qu'autant qu'ils auront été cités, soit a la requête du ministère public (40), soit en vertu

-----

(38) Voyez le décret du 7 avril 1813, art. 3 et la 11e. taxe du modèle n°. 4 ci-après.

(39) Voyez le texte de cette loi à la note (156) sur ticle 157 du présent décret.

(40) Dans une affaire portée devant un tribunal et relative à des individus tenant école sans autorisation, les témoins cités à la requête du ministère public, ayant été taxés sur la caisse d'un receveur de l'enregistrement pour toucher l'indemnité qui leur était due, le receveur a refusé de les payer, sous le prétexte que les poursuites avaient eu lieu dans l'intérêt de la commune, et que c'était à elle à en acquitter les frais.

Le même receveur, d'après les mêmes motifs, a également refusé d'acquitter les taxes allouées à des témoins cités à la requête du ministère public, dans une affaire de rebellion envers un garde forestier.

Ces refus sont évidemment mal fondés. Car, en supposant même, contre toute vraisemblance, que dans les affaires dont il s'agit, les communes dussent être considérées comme parties civiles, la Direction générale de

d'ordonnance rendue d'office, dans les cas prévus par les articles 269 et 303 du Code d'instruction criminelle.

ART. 34. Les témoins cités à la requête, soit des accusés, conformément à l'article 321 du Code d'instruction criminelle, soit des parties civiles, conformément à la loi du 5 pluviôse an 13 (41), recevront les indemnités ci-dessus déterminées; elles leur seront payées par ceux qui les auront appelés en témoignage.

ART. 35. Les jurés qui auront été obligés de se transporter à plus de deux kilomètres de leur résidence actuelle, pourront être remboursés des frais de voyage seulement (42),

---

l'enregistrement n'en était pas moins tenue de faire l'avance des frais, sauf à s'en faire rembourser ultérieurement par qui de droit; d'ailleurs, il résulte des art. 33, 133 et 134 du décret du 18 juin 1811, que l'indemnité accordée aux témoins cités à la requête du ministère public, doit être, dans tous les cas, avancée par le trésor, et acquittée comme dépense urgente, sur une simple taxe mise au bas de la citation; et il n'est pas permis à un receveur de l'enregistrement de suspendre l'exécution de cette taxe.

(*Lettre de Mgr. le Garde des Sceaux, du 17 novembre 1819. Art.* 6510 *du journal de l'enregistrement.*)

(41) Voyez le texte de cette loi à la note (15-) sur l'art. 157.

(42) Voyez la 5e. taxe du modèle n°. 4 ci-après.

sur le pied réglé dans le chapitre 8 ci-après, si toutefois ils le requièrent ; et il ne sera rien alloué pour toute autre cause que ce soit, à raison de leurs fonctions.

ART. 36. Nos officiers de justice énonceront, dans les mandats qu'ils délivreront au profit des témoins et des jurés, que la taxe a été requise.

CHAPITRE IV.

Des Frais de garde de scellés, et de ceux de mise en fourrière.

ART. 37. Dans les cas prévus par les articles 16, 35, 37, 38, 89 et 90 du Code d'instruction criminelle, il ne sera accordé de taxe pour la garde des scellés (43), que lorsque le juge instructeur n'aura pas jugé à propos de confier cette garde à des habitans de la maison où les scellés auront été apposés.

Dans ce cas, il sera alloué, pour chaque jour, au gardien nommé d'office, savoir :

Dans notre bonne ville de Paris, *deux francs cinquante centimes ;*

____

(43) Voyez ci-après le mémoire modèle n° 19.

Dans les villes de quarante mille habitans et au-dessus, *deux francs ;*

Dans les autres villes et communes, *un franc.*

ART. 38. En matière criminelle et correctionnelle, les femmes ne peuvent être constituées gardiennes des scellés, conformément à la loi du 6 vendémiaire an 3 (44), qui recevra, quant à ce, son exécution.

ART. 39. Les animaux et tous les objets périssables, pour quelque cause qu'ils aient été saisis, ne pourront rester en fourrière ou sous le séquestre plus de huit jours.

Après ce délai, la main-levée provisoire pourra en être accordée.

S'ils ne doivent ou ne peuvent être restitués, ils seront mis en vente, et les frais de fourrière seront prélevés sur le produit de la vente, par privilége et préférence à tous autres.

ART. 40. La main-levée provisoire des animaux saisis et des objets périssables mis en séquestre, sera ordonnée par le juge de paix ou par le juge d'instruction, moyennant cau-

---

(44) Cette loi est ainsi conçue :

« La Convention Nationale . . . .
Décrète . . . . qu'à l'avenir aucune femme ne pourra être établie gardienne de scellés. »

tion, et le paiement des frais de fourrière et de séquestre.

Si lesdits objets doivent être vendus, la vente sera ordonnée par les mêmes magistrats.

Cette vente sera faite à l'enchère au marché le plus voisin, à la diligence de l'Administration de l'enregistrement (45).

Le jour de la vente sera indiqué par affiches vingt-quatre heures à l'avance, à moins que la modicité de l'objet ne détermine le magistrat à en ordonner la vente sans formalités ; ce qu'il exprimera dans son ordonnance.

Le produit de la vente sera versé dans la caisse de l'Administration de l'enregistrement, pour en être disposé ainsi qu'il sera ordonné par le jugement définitif.

---

(45) Le procès-verbal de vente doit être rédigé sur papier timbré, et acquitter le droit proportionnel d'enregistrement auquel l'art. 69, §. 5, n°. 1 de la loi du 22 frimaire an 7, soumet les ventes mobilières de toute espèce.

CHAPITRE V.

Des Droits d'expédition et autres alloués aux Greffiers.

Art. 41. Il est dû aux greffiers des cours royales, des tribunaux correctionnels et des tribunaux de police, suivant les cas, des droits d'expédition, des droits fixes et des indemnités, indépendamment du traitement fixe qui leur est accordé par nos décrets.

Art. 42. Les droits d'*expédition* sont dus (46) pour tous les actes et pièces dont il est fait mention dans les articles du Code d'instruction criminelle, sous les nos. 31, 63, 65, 66, 68, 81, 86, 114, 117, 118, 120, 122, 123, 124, 125, 128, 129, 130, 131, 146, 153, 157, 158, 159, 160, 161, 188, 190, 191, 192, 193, 248, 281, 300, 304, 305, 343, 358, 396, 397, 398, 415, 419, 452, 454, 455, 456, 465, 481, 568, 595, et 601.

---

(46) Cet article semble autoriser, dans beaucoup de cas, des expéditions d'ordonnances ou autres actes de procédure ; mais on ne doit pas perdre de vue que ces expéditions ne sont dues et ne doivent être payées par

Art. 43. Ces droits d'expédition ne sont dus que lorsque les expéditions sont demandées, soit par les parties qui en requièrent la délivrance à leurs frais, soit par le ministère public; dans ce dernier cas, le trésor royal en fait les avances, s'il n'y pas de partie civile, ou si la partie civile est dans un état d'indigence dûment constaté.

Hors les cas ci-dessus, il n'est rien dû aux greffiers pour les actes susénoncés, lorsque la signification, notification ou communication en sont faites sur les minutes, ainsi qu'il sera dit ci-après (47).

Art. 44. Il n'est dû qu'un droit fixe aux greffiers pour les *extraits* qu'ils sont tenus

---

le trésor, qu'autant qu'elles ont été demandées par le ministère public, et pour un usage indispensable.

(*Circulaire du Ministre de la justice, du 30 décembre 1812.*)

(47) Les arrêts et jugemens rendus par défaut en matière correctionnelle et de simple police, et ceux de mise en accusation, ne doivent être expédiés, pour la signification, que lorsque les individus à qui ils doivent être signifiés, *ne sont pas domiciliés ou détenus dans la ville où siége la Cour ou le Tribunal.* Dans le cas contraire, la signification se fait sur la minute, laquelle est confiée à l'huissier, conformément à l'art. 70 du règlement.

de délivrer en conformité des articles 198, 202, 417 et 472 du Code d'instruction criminelle, et de l'article 36 du Code pénal.

Art. 45. Il leur est accordé une indemnité pour leur assistance aux actes désignés dans l'article 378 du Code d'instruction criminelle et pour l'accomplissement des formalités prescrites par l'article 83 du Code civil (48).

Art. 46. L'expédition de l'acte d'écrou dont il est fait mention en l'article 421 du Code d'instruction criminelle, sera payée comme

---

Il n'y a jamais lieu d'expédier ni les ordonnances de la chambre du conseil, ni les procès-verbaux du tirage du jury, ni les procès-verbaux de la tenue des séances, ni des questions proposées aux jurés et autres pièces semblables.

On ne peut allouer les expéditions des bulletins de police, de l'état nominatif des condamnés, des jugemens de renvoi devant un juge de paix, des jugemens portant nomination d'un président pour interroger des prévenus de fureur, des délibérations du tribunal portant fixation des avoués, ni des jugemens d'homologation.

Il n'y a jamais lieu à délivrer expédition des jugemens d'acquittement, non plus que des jugemens de renvoi, à moins qu'il n'y ait appel ou pourvoi en cassation de la part du ministère public.

(*Instruction de la chancellerie*, du 7 juin 1814.)

(48) Voyez la note (53) sur l'art. 53 ci-après.

extrait aux concierges des prisons, suivant la fixation qui sera faite dans l'article 50 ci-après.

ART. 47. En conformité de l'article 168 du Code d'instruction criminelle, les droits d'expédition dus aux greffiers des maires agissant comme juges de police, seront les mêmes que ceux des greffiers des autres tribunaux de police.

ART. 48. Les droits d'expédition dus aux greffiers des cours et tribunaux, sont fixés à *quarante centimes* par rôle de *vingt - huit lignes* à la page, et de *quatorze à seize syllabes* à la ligne (49).

ART. 49. Les droits d'expédition pour chacune des copies du registre tenu par les greffiers, aux termes de l'article 600 du Code d'instruction criminelle, qui doivent être adressées à notre grand-juge ministre de la justice et à notre ministre de la police géné-

---

(49) La loi du 30 nivôse an 5 avait taxé l'indemnité due aux greffiers pour les expéditions de procédures criminelles, à raison de *quarante centimes* le rôle de *vingt-huit lignes* à la page et de *seize syllabes* à la ligne, le papier compris, dans le cas où l'expédition était faite sur papier libre. La taxe était de *trente-huit centimes* seulement, lorsque l'expédition était délivrée sur papier timbré. Dans ce dernier cas, il était tenu compte, en outre, du montant du droit de timbre.

rale, conformément à l'article 601 (50) du même Code, sont fixés à *dix centimes* pour chaque article du registre.

Art. 50. Les droits fixes pour les extraits sont réglés à *soixante centimes*, quel que soit le nombre de rôles de chaque extrait (51).

Il résulte d'une décison des Ministres de la justice et des finances en date du 19 juillet 1822, que ces expéditions peuvent contenir *vingt-huit lignes* à la page et de *quatorze à seize syllabes* par ligne, soit que les greffiers les dressent sur papier timbré pour être délivrées aux parties, soit qu'ils les fassent sur papier libre à la réquisition du ministère public.

(*Instruction de M. le Directeur général de l'enregistrement, du 17 août 1822.*)

(50) Ces copies doivent aujourd'hui être adressées à S. Ex. le Ministre de l'intérieur, chargé de la police du royaume.

(*Note explicative du mémoire modèle n°. 1 ci-après.*

— Plusieurs greffiers adressent aux Préfets des copies de ce registre; c'est un abus. Le ministère public doit lui-même, d'après la circulaire du 31 août 1811, en donner avis.

— Aucune instruction ne prescrit de remettre au procureur général la copie des mises en surveillance, à moins que cette copie ne soit destinée pour le Ministre de la justice, et alors le mémoire du greffier doit l'indiquer.

(*Observation de la Chancellerie, du 7 juin 1814.*)

(51) Voyez ci-après le décret du 7 avril 1813, art. 7, et la note (170) sur l'art. 164.

En matière forestière, ces droits ne seront que de *vingt-cinq centimes*.

Art. 51. L'état de liquidation des frais et dépens sera dressé par le greffier, et les copies (52) qu'il en délivrera lui seront payées à raison de *cinq centimes* par article.

Art. 52. Lors des exécutions des arrêts criminels, le greffier de la cour, du tribunal ou de la justice de paix du lieu où se fera l'exécution, sera tenu d'y assister, d'en dresser procès-verbal; et, dans le cas d'exécution à mort, il fera parvenir à l'officier de l'état civil, les renseignemens prescrits par le Code civil.

A cet effet, le greffier se rendra, soit à l'hôtel de ville, soit dans une maison située sur la place publique où se fera l'exécution, et qui lui sera désignée par l'autorité administrative.

Art. 53. Il est alloué aux greffiers pour tous droits d'assistance (53), transcription du

----

(52) Ces copies ne sont pas dans le cas d'être délivrées lorsque la liquidation des frais et dépens a été insérée dans le jugement de condamnation; dans ce cas, il n'y a lieu de payer aux greffiers que 25 *centimes* pour l'extrait.

(*Instruction de M. le Directeur-général de l'enregistrement, du* 14 *septembre* 1820.)

(53) Comme il n'est dû qu'un seul droit pour assistance à l'exécution des individus condamnés par le même arrêt, quelqu'en soit le nombre, il faut, pour assurer

procès-verbal au bas de l'arrêt, et déclaration à l'officier de l'état civil, savoir :

1°. Pour les exécutions à mort,

Dans notre bonne ville de Paris, *vingt francs ;*

Dans les villes de quarante mille habitans et au-dessus, *quinze francs ;*

Dans les autres villes et communes *dix francs ;*

2°. Pour les exécutions par effigie et expositions,

Dans notre bonne ville de Paris, *dix francs ;*

Dans les villes de quarante mille habitans et au-dessus, *cinq francs ;*

Dans les autres villes et communes, *trois francs.*

ART. 54. Les accusés paieront au taux réglé par notre présent décret, les expéditions et copies qu'ils demanderont, outre celles qui leur seront délivrées gratuitement aux termes de l'article 305 du Code d'instruction criminelle.

ART. 55. Dans le cas de renvoi des accu-

---

la vérification, que le greffier indique dans son mémoire, modèle n°. 1er., la date des arrêts ; s'il y a plusieurs arrêts du même jour, que ces arrêts soient désignés par 1er., 2e., etc. ; enfin qu'il y ait autant d'articles que d'arrêts différens.

(*Instruction de la Chancellerie, du* 7 *juin* 1811.

sés, soit devant un autre juge d'instruction, soit à une autre cour d'assises ou spéciale, il ne pourra leur être délivré, aux frais du trésor royal, de nouvelles copies des pièces dont ils auront déjà reçu une copie en exécution du susdit article 305.

Art. 56. En matière correctionnelle et de simple police, aucune expédition ou copie des pièces de la procédure ne pourra être délivrée aux parties sans une autorisation expresse de notre procureur général ;

Mais il leur sera délivré, sur leur seule demande, expédition de la plainte, de la dénonciation, des ordonnances et des jugemens définitifs.

Toutes ces expéditions seront à leurs frais.

Art. 57. Conformément à l'article 5 de notre décret du 24 février 1806 (54), les greffiers ne délivreront aucune expédition ou copie susceptible d'être taxée par rôle, ni aucun extrait, sans les avoir soumis à l'examen de nos

----

(54) Cet article est ainsi conçu :

Art. 5. « Aucune copie ne sera délivrée par un greffier, sans avoir été mise sous les yeux du président et du procureur du Roi, ou procureur général, qui mettront leur *visa* au pied de chaque *copie*, et donneront au greffier le certificat qu'il s'est conformé aux réglemens, tant sur les copies à délivrer que sur le nombre de

Procureurs, qui en feront prendre note sur un registre tenu au parquet.

Nos Procureurs viseront en outre les expéditions.

Art. 58. Ne seront point insérés dans la rédaction des arrêts et jugemens les plaidoyers prononcés, soit par le ministère public, soit par les défenseurs des prévenus ou accusés, mais seulement leurs conclusions.

Art. 59. Toutes les fois qu'une procédure en matière criminelle, de police correctionnelle, ou de simple police, devra être transmise à quelque cour ou tribunal que ce soit, ou à notre grand-juge Ministre de la justice, la procédure et les pièces seront envoyées en minutes, sans en excepter aucune, à moins que notre grand-juge ne désigne des pièces pour n'être expédiées que par copies ou par extraits.

Art. 60. Dans tous les cas où il y aura envoi des pièces d'une procédure, le greffier sera tenu d'y joindre un inventaire, qu'il dressera

---

lignes dans chaque page, et de syllabes dans chaque ligne. Les greffiers devront joindre ce certificat à l'exécutoire qui leur sera donné pour cette copie. »

sans frais (55), ainsi qu'il est prescrit par l'article 423 du Code d'instruction criminelle.

ART. 61. Ne seront expédiés dans la forme exécutoire que les arrêts, jugemens et ordonnances de justice que les parties ou le ministère public demanderont dans cette forme.

ART. 62. Toutes les fois que l'officier du ministère public aura pris une expédition (56) d'un arrêt ou d'un jugement portant peine d'amende ou de confiscation, pour en poursuivre l'exécution en ce qui le concerne,

---

(55) L'état des pièces de conviction doit être rédigé sans frais par le greffier d'après l'art. 423 du Code d'instruction criminelle concernant l'inventaire des pièces dans le cas de recours en cassation.

(*Observation de la Chancellerie de France*, du 7 juin 1814).

— Il en est de même de certains autres états et notes pour la confection desquels les greffiers ne peuvent refuser leur coopération aux tribunaux et au ministère public.

(*Circulaire du Ministre de la justice*, du 6 brumaire an 14).

(56) Les expéditions ou extraits délivrés au ministère public, dans le cas prévu par cet article , doivent être payés sur les fonds généraux des frais de justice : l'Administration de l'enregistrement ne peut être tenue de payer que les extraits qui sont remis à ses préposés pour le recouvrement des condamnations pécuniaires.

(*Lettre du Ministre de la justice du* 13 août 1820. *Art.* 6819 *du journal de l'enregistrement*)

il remettra cette expédition au préposé de l'enregistrement chargé du recouvrement des condamnations pécuniaires, pour tenir lieu de l'extrait dont la remise est ordonnée par les arrêtés du gouvernement, des 1er. et 16 nivôse an 5.

Cette remise de l'expédition n'aura lieu que lorsque nos procureurs ou leurs substituts auront consommé tous les actes de leur ministère.

ART. 63. Il n'est rien alloué aux greffiers pour les écritures qu'ils sont tenus de faire sous la dictée ou l'inspection des magistrats, ni pour la minute d'aucun acte quelconque, non plus aussi que pour les simples renseignemens (57) qui leur seront demandés par le ministère public pour être transmis à nos ministres.

ART. 64. Nous défendons très - expressément aux greffiers et à leurs commis, d'exiger d'autres ou de plus forts droits que ceux qui leur sont attribués par notre présent décret, soit à titre de prompte expédition,

---

(57) Il n'est également rien dû aux greffiers pour dresser, en exécution de l'art. 133 du Code d'instruction criminelle, l'état des pièces servant à conviction.

(*Note explicative du mémoire modèle n°. 1 ci-après.*)

soit comme gratification, ni pour quelque cause et sous quelque prétexte que ce soit.

En cas de contravention, nous voulons qu'ils soient destitués de leurs emplois, et condamnés à une amende qui ne pourra être moindre de cinq cents francs, ni excéder six mille francs; sans préjudice toutefois, suivant la gravité des cas, de l'application des dispositions de l'article 174 du Code pénal.

Ordonnons à nos procureurs généraux et du Roi de dénoncer d'office, ou de poursuivre, sur la plainte des parties intéressées, les abus qui viendront à leur connaissance.

CHAPITRE VI.

Des Salaires des Huissiers.

Art. 65. Le service des huissiers près de nos cours royales sera déterminé par une délibération prise en assemblée générale de la cour.

Tous les huissiers pourront être appelés indistinctement à faire le service civil et le service criminel, à tour de rôle.

Néanmoins ceux des huissiers ci-devant attachés aux cours criminelles qui seront jugés les plus aptes à mettre le service criminel en activité, seront attachés de préférence, pendant les quatre années qui courront du jour de l'installation de chaque cour royale, au service des chambres criminelles de la cour, des cours d'assises et de la cour spéciale du chef-lieu.

ART. 66. Les cours royales pourront fixer le lieu de la résidence de tous les huissiers de leur ressort, et la changer sur la réquisition de notre Procureur général.

Le service des huissiers des tribunaux de première instance sera réglé par une délibération de chaque tribunal pour son arrondissement.

ART. 67. Les huissiers n'ont aucun traitement fixe ; il leur est seulement accordé des salaires à raison des actes confiés à leur ministère.

ART. 68. Les dispositions de notre décret du 17 mars 1809, concernant les six huissiers attachés à la cour de justice criminelle du département de la Seine, continueront à être exécutées à l'égard des huissiers qui seront attachés au service criminel près notre cour royale de Paris, et ce jusqu'à ce qu'il en soit autrement ordonné par nous.

ART. 69. En exécution de l'article 120

du décret du 6 juillet 1810 , notre grand juge ministre de la justice , après avoir pris l'avis de nos cours royales qui lui transmettront leurs délibérations , nous présentera d'ici au 1.ᵉʳ janvier 1812 , un rapport,

Sur l'organisation en communauté des huissiers résidant et exploitant dans chaque arrondissement communal ;

Sur le nombre d'huissiers qui doivent être attachés au service des audiences de nos cours et tribunaux ;

Sur les indemnités qu'il pourra y avoir lieu d'accorder aux huissiers audienciers pour leur service particulier ;

Sur les réglemens de police et de discipline nécessaires pour tous ;

Et sur l'établissement d'une bourse commune entre tous les membres de chaque communauté d'arrondissement (58).

ART. 70. Lorsqu'il n'aura pas été délivré au ministère public des expéditions des actes ou jugemens à signifier, les significations seront

----

(58) Voyez le décret du 14 juin 1813 , sur l'organisation et le service des huissiers , bulletin 508 , n°. 9,348 ; et l'ordonnance du Roi, portant modification à ce décret, en ce qui concerne la bourse commune des huissiers, du 26 juin 1822 , bulletin 537 , n°. 15,035.

faites par les huissiers sur les minutes (59) qui leur seront confiées par les greffiers sous leur récépissé, à la charge par eux de les rétablir au greffe, dans les vingt-quatre heures qui suivront la signification, sous peine d'y être contraints par corps, en cas de retard.

Lorsqu'un acte ou jugement aura été remis en expédition au ministère public, la signification sera faite sur cette expédition, sans qu'il en soit délivré une seconde pour cet objet.

Les copies de tous les actes, arrêts, jugemens et pièces à signifier, seront toujours faites par les huissiers ou par leurs scribes (60).

---

(59) Voyez ci-dessus la note (47) sur l'article 43.

(60) Un décret du 29 août 1813 est ainsi conçu:

« Art. 1er. Les copies d'actes, de jugemens, d'arrêts et de toutes autres pièces, qui seront faites par les huissiers, doivent être correctes et lisibles, à peine de rejet de la taxe, ainsi qu'il a déjà été ordonné par l'article 28 du décret du 16 février 1807, pour les copies des pièces faites par les avoués.

Les papiers employés à ces copies ne pourront contenir plus de *trente-cinq lignes* par page de petit papier;

Plus de *quarante lignes* par page de moyen papier;

Et plus de *cinquante lignes* par page de grand papier; à peine de l'amende de vingt-cinq francs prononcée pour les expéditions, par l'article 26 de la loi du 13 brumaire an 7.

Art. 2. L'Huissier qui aura signifié une copie de citation ou d'exploit de jugement ou d'arrêt, qui serait illisible,

Art. 71. Les salaires des huissiers (61), pour tous les actes de leur ministère résultant du Code d'instruction criminelle et du Code pénal, sont réglés et fixés ainsi qu'il suit :

---

sera condamné à l'amende de vingt-cinq francs, sur la seule provocation du ministère public, et par la cour ou le tribunal devant lequel cette copie aura été produite. »

(61) Les gardes généraux et particuliers des forêts, sont autorisés par un avis du Conseil d'état du 16 mai 1807, bulletin 148, n°. 2,469, à faire toute signification d'exploits en matière de bois et forêts, à l'exception des saisies-exécutions.

Son Exc. le ministre des finances a réglé, par un arrêté du 5 juillet 1822, le mode de paiement des frais de ces significations.

Cet arrêté est ainsi conçu :

« Art. 1er. Les préposés forestiers continueront à faire toutes les citations, notifications et significations en matière d'eaux et forêts, à l'exception des saisies-exécutions, conformément aux dispositions de l'avis du Conseil d'état du 16 mai 1807.

Art. 2. Leur rétribution pour ces actes sera celle fixée par le décret du 18 juin 1811, et ne comprendra aucune indemnité pour frais de voyage, si ce n'est dans le cas prévu par l'article 84 de ce décret.

Art. 3. L'agent forestier de l'arrondissement correctionnel dressera, au commencement de chaque trimestre, un mémoire, en triple expédition, des diligences et actes faits par les gardes dudit arrondissement pendant le trimestre précédent; il le certifiera, le fera revêtir de l'exécutoire du président du tribunal, en présence du procureur du Roi, et ordonnancer par le préfet. Cet état, ainsi régularisé, et émargé de chaque

1°. Pour toutes citations (62), significations, notifications, communications et mandats de comparution, dans les cas prévus par les articles 19, 34, 72, 81, 91, 97, 109, 114, 116, 117, 128, 129, 130, 131, 135, 145, 146, 149, 151, 153, 157, 158, 160, 172, 174, 177, 182, 185, 186, 187, 188, 190, 199, 203, 205, 212, 213, 214, 229, 230, 231, 242, 266, 269, 281, 292, 303, 321, 354, 355, 356, 358, 389, 394, 396, 397, 398, 415, 418, 421, 452, 454, 456, 466, 479, 487, 492, 500, 507, 517, 519, 528,

---

partie prenante, sera présenté par ledit agent, dans l'année au plus tard, au receveur du même arrondissement, qui lui en comptera le montant, lorsque les formalités (*Le visa du directeur de l'enregistrement constatant s'il n'existe pas d'opposition au paiement*) prescrites par le décret du 13 pluviôse an 13 (2 février 1805) auront été remplies.

Art. 4. Le garde citateur recevra, sur le montant de la taxe allouée, autant de 30 centimes qu'il aura fait de citations ; et le surplus sera partagé, par moitié, entre le garde général qui aura dressé les actes, et l'agent qui aura dirigé les poursuites.

Art. 5. Les conservateurs et inspecteurs principaux veilleront à ce qu'il ne s'introduise aucun abus, soit dans la quotité de la taxe, soit dans la répartition, et ils en assureront leur administration à l'expiration de chaque trimestre. »

(*Instruction de M. le Directeur général de l'enregistrement, du* 10 *août* 1822.)

(62) Voyez plus haut la note (30) sur l'art. 25.

531, 532, 538, 546, 547, 548 et 567 du
Code d'instruction criminelle, *pour l'original*
(63) seulement ,

Dans notre bonne ville de Paris, *un franc ;*

Dans les villes de quarante mille habitans
et au-dessus, *soixante-quinze centimes ;*

Dans les autres villes et communes, *cinquante centimes.*

---

(63) Souvent les huissiers multiplient sans nécessité les
originaux de citation , soit en faisant autant d'originaux
qu'il y a de prévenus ou d'accusés dans la même affaire ,
soit en faisant plusieurs originaux pour des citations données le même jour à des témoins ou à des jurés domiciliés
dans la même commune, ou dans des communes voisines.
Les magistrats ne doivent pas hésiter à réduire le nombre
de ces originaux, lorsqu'ils leur paraissent abusifs; et
s'ils se déterminent à les passer en taxe, ils doivent en
indiquer le motif.

— Dans les affaires de simple police qui sont de la
compétence des juges de paix , il n'est pas absolument
nécessaire que les citations soient données par huissier ;
les parties peuvent comparaître volontairement et sur un
simple avertissement, sans qu'il soit besoin de citation.
(*Voyez l'art.* 147 *du Code d'instruction criminelle.*)

Les juges de paix ou les officiers du ministère public
peuvent, par conséquent, comme les maires, faire avertir
les parties; et ce n'est qu'à défaut de comparution sur ce
simple avertissement, qu'on doit employer la voie de la
citation par huissier.

(*Circulaire du ministre de la justice, du* 30 *décembre* 1812.)

2°. Pour chaque copie des actes ci-dessus désignés,

Dans notre bonne ville de Paris, *soixante-quinze centimes ;*

Dans les villes de quarante mille habitans et au-dessus, *soixante centimes ;*

Dans les autres villes et communes, *cinquante centimes.*

3°. Pour l'exécution des mandats d'amener, dans les cas prévus par les articles 40, 61, 80, 91, 92, 237, 269, 355, 361 et 462 du Code d'instruction criminelle, y compris l'exploit de signification et la copie,

Dans notre bonne ville de Paris, *huit francs ;*

Dans les villes de quarante mille habitans et au-dessus, *six francs ;*

Dans les autres villes et communes, *cinq francs.*

4°. Pour l'exécution des mandats de dépôt, aux cas prévus par les articles 34, 40, 61, 86, 100, 193, 214, 237, 248 et 490 du Code d'instruction criminelle, y compris l'exploit de signification et la copie,

Dans notre bonne ville de Paris, *cinq francs ;*

Dans les villes de quarante mille habitans et au-dessus, *quatre francs ;*

Dans les autres villes et commmnes, *trois francs.*

5°. Pour la capture de chaque prévenu, accusé ou condamné, en exécution d'un mandat d'arrêt (64), ordonnance de prise de corps, arrêt ou jugement quelconque emportant saisie de la personne, y compris l'exploit de signification, la copie et le procès-verbal de perquisition, lors même qu'il s'agirait de l'exécution d'un seul mandat d'arrêt, ordonnance de prise de corps, arrêt ou jugement qui concerneraient plusieurs individus, et dans les cas prévus par les articles 80, 94, 109, 110, 134, 157, 193, 214, 231, 232, 237, 239, 343, 355, 361, 452, 454, 456, 500 et 522 du Code d'instruction criminelle, et par les articles 46 et 52 du Code pénal, savoir : (65)

Dans notre bonne ville de Paris, *vingt-un francs ;*

Dans les villes de quarante mille habitans et au-dessus, *dix-huit francs ;*

---

(64) Voyez ci-après la note (69) sur le présent art. n°. 11.

(65) Voyez ci-après l'article 6 du décret du 7 avril 1813, et les mémoires modèles n°. 2 et 24.

—D'après les dispositions des articles 192, 213 et 365 du Code d'instruction criminelle et 463 du Code pénal,

Dans les autres villes et communes, *quinze francs.*

---

les cours et tribunaux jugeant correctionnellement, peuvent, selon les circonstances, ne condamner qu'à des *peines de simple police,* c'est-à-dire, à un emprisonnement dont la durée n'excède pas cinq jours. Il s'est élevé la question de savoir, si la capture d'un individu condamné à cette peine par une cour ou par un tribunal correctionnel, devait être payée au même taux que la capture faite en exécution d'un mandat d'arrêt, ou d'un jugement ou arrêt en matière correctionnelle, emportant peine d'emprisonnement, taux qui est à Paris, de . . . . 18 f.

Dans les villes de quarante mille ames et au-dessus, de . . . . 15.

Et dans les autres villes et communes, de . . 12.

Cette question a été examinée, et il a été reconnu que, quand l'article 6, n°. 2, du décret du 7 avril 1813, a accordé, pour la capture ou saisie de la personne condamnée à un emprisonnement par jugement ou arrêt en matière correctionnelle, une plus forte taxe que pour la capture, en exécution d'un jugement de simple police, il a eu égard à la peine plus grave qui est ordinairement prononcée en cette matière et qui peut occasionner des perquisitions et beaucoup plus de précautions pour parvenir à saisir le condamné ; mais qu'il ne devait pas en être ainsi lorsqu'il ne s'agissait *que d'une peine de simple police.* Il importe peu, en effet, que la peine ait été prononcée par un tribunal correctionnel ou par une cour, dès l'instant où cette même peine n'est que de simple police.

Il est donc évident que la capture, pour un emprison-

6°. Pour l'extraction de chaque prisonnier,

---

nement qui n'excède point cinq jours , ne donne droit à l'officier public qui l'a faite, qu'à la taxe fixée par le n°. 1er. de l'article 6 du décret du 7 avril 1813, quelle que soit la cour ou le tribunal qui ait prononcé.

Cette taxe est, à Paris, de . . . . 5 f.

Dans les villes de quarante mille ames et au-dessus, de . . . . 4.

Et dans le autres villes et communes, de . . 3.

(*Circulaire du ministre de la justice, du 17 novembre 1818.*)

— On a demandé s'il y a avait lieu de recouvrer sur les condamnés en matière de simple police et de police correctionnelle , les frais de capture de leur personne.

L'affirmative ne paraît pas douteuse : l'article 162 du réglement ne met à la charge de l'État que les dépenses pour l'exécution des arrêts criminels , ce qui doit s'enten-dre seulement des dépenses qui sont l'objet du chapitre 2 du titre 1er. de ce réglement, et qui n'ont rien de com-mun avec les frais de capture des condamnés.

Quant au mode de recouvrement de ces frais contre les condamnés , comme les frais de capture faits ou à faire postérieurement à la condamnation ne peuvent, en général , être compris dans la liquidation de dépens faite par le jugement, il ne peut y être pourvu qu'au moyen d'exécutoires partiels et supplémentaires , qui peuvent être délivrés par le juge compétent , en vertu de l'article 163 du réglement.

(*Lettre de Son Exc. le ministre de la justice, du 11 décembre 1821. Art. 7189 du journal de l'enregistre-ment.*)

sa conduite devant le juge (66) , et sa réin-
tégration dans la prison,

Dans notre bonne ville de Paris, *soixante-
quinze centimes ;*

Dans les villes de quarante mille habitans
et au-dessus, *soixante centimes ;*

Dans les autres villes et communes, *cinquante centimes.*

7°. Pour le procès-verbal de perquisition
dont il est fait mention dans l'article 109 du
Code d'instruction criminelle , et qui n'est
pas suivi de capture, y compris l'exploit de
signification et la copie du mandat d'arrêt,
de l'ordonnance de prise de corps, ou de l'arrêt ou jugement qui auront donné lieu à la
perquisition, savoir :

Dans notre bonne ville de Paris , *six
francs ;*

Dans les villes de quarante mille habitans
et au-dessus, *quatre francs ;*

---

(66) Il y a lieu de n'allouer que les extractions qui ont
lieu pour conduire devant le juge et aux débats. Il n'est
dû ni copie ni original pour la signification des pièces de
procédure ; c'est au greffier à en faire la remise aux accusés sur leur reçu.

(*Instruction de la Chancellerie , du* 7 *juin* 1814.)

Dans les autres villes et communes, *trois francs.*

8°. Pour la publication à son de trompe ou de caisse, et les affiches de l'ordonnance qui, aux termes des articles 465 et 466 du Code d'instruction criminelle, doit être rendue et publiée contre les accusés contumax, y compris le procès-verbal de la publication, savoir : (67)

Dans notre bonne ville de Paris, *dix-huit francs ;*

Dans les villes de quarante mille habitans et au-dessus, *quinze francs ;*

Dans les autres villes et communes, *douze francs.*

9°. Pour la lecture de l'arrêt de condamnation à mort, dont il est fait mention dans l'article 13 du Code pénal,

Dans notre bonne ville de Paris, *trente francs ;*

---

(67) On ne doit pas porter le droit entier sur le mémoire modèle n°. 2 ci-après, sans y indiquer si toutes les publications ont été faites par le même huissier afin qu'on puisse vérifier si le droit est dû en entier à l'huissier, ou en partie, suivant l'article 80 de ce décret.

(*Instruction de la Chancellerie, du* 7 *juin* 1814.)

Dans les villes de quarante mille habitans et au-dessus, *vingt-quatre francs*;

Dans les autres villes et communes, *dix-huit francs.*

10°. Pour le salaire particulier des scribes employés pour les copies de tous les actes dont il est fait mention ci-dessus, et de toutes les autres pièces dont il doit être donné copie (68), et ce, pour chaque rôle d'écriture de *trente lignes* à la page et de *dix-huit* à *vingt syllabes* à la ligne, non compris le premier rôle,

Dans notre bonne ville de Paris, *cinquante centimes*;

Dans les villes de quarante mille habitans et au-dessus, *quarante centimes*;

Dans les autres villes et communes, *trente centimes.*

11°. Pour assistance à l'inscription de l'écrou, lorsque le prévenu se trouve déjà

______

(68) Il n'y a pas lieu de donner copie des ordonnances du juge d'instruction pour la visite des troupeaux; il suffit de faire mention de ces ordonnances dans la signification qui doit en être faite.

(*Instruction de la Chancellerie, du 7 juin 1814.*)

incarceré (69) , et pour la radiation de l'écrou (70) dans tous les cas,

Dans notre bonne ville de Paris, *un franc ;*

Dans les villes de quarante mille habitans et au-dessus, *soixante-quinze centimes ;*

Dans les autres villes et communes, *cinquante centimes.*

ART. 72. Il ne sera alloué aucune taxe aux agens de la force publique, pour raison des citations, notifications et significations dont ils seront chargés par les officiers

______

(69) Aux termes de l'article 609 du Code d'instruction criminelle, l'inscription de l'écrou ne peut avoir lieu par suite du mandat d'amener.

L'inscription d'écrou, en vertu d'ordonnance de prise de corps, n'a jamais lieu que par suite de signification de l'arrêt de mise en accusation dans lequel elle est insérée, et l'on ne peut cumuler le droit de l'inscription de l'écrou avec celui d'exécution de mandats.

(*Instruction de la chancellerie, du 7 juin* 1814.)

(70) On ne peut allouer d'assistance à la radiation d'écrou des prévenus acquittés. La mise en liberté doit se faire sur un simple ordre du ministère public, envoyé directement au concierge de la prison, et dès lors la présence de l'huissier devient inutile.

Ceci n'est point applicable aux huissiers de Paris, qui peuvent continuer à réclamer ce droit, d'après les instructions données au procureur général à cet égard.

(*Instruction de la chancellerie, du 7 juin* 1814.)

de police judiciaire et par le ministère public. (70 *bis*)

Art. 73. Si un mandat d'amener et un mandat de dépôt ont été décernés dans les mêmes vingt-quatre heures contre le même individu et par le même magistrat, il n'y aura pas lieu de cumuler et d'alloner aux huissiers la taxe ci-dessus établie pour l'exécution des deux mandats ; mais, audit cas, il leur sera alloué pour toute taxe, savoir : (71)

Dans notre bonne ville de Paris , *dix francs ;*

Dans les villes de quarante mille habitans et au-dessus, *huit francs ;*

Dans les autres villes et communes, *six francs.*

Art. 74. Lorsque des individus contre lesquels il aura été décerné des mandats d'arrêt et ordonnances de prise de corps, ou rendu des arrêts ou jugemens emportant saisie de la personne. se trouveront déjà arrêtés d'une manière quelconque (72), l'exécution des ac-

---

(70 *bis*) Voyez l'article 77 ci-après, et la note y relative.

(71) Voyez l'article 5 du décret du 7 avril 1813, ci-après.

(72) Dans l'instruction des procédures criminelles ,

tes ci-dessus, à leur égard, ne sera payée aux huissiers qu'au taux réglé par le n°. 1.er de l'article 71 pour les citations, significations et notifications.

Il en sera de même pour l'exécution des mandats d'amener lorsque l'individu se trouvera arrêté, lorsqu'il se sera présenté volontairement, ou qu'il n'aura pu être saisi.

Art. 75. Les huissiers ne dresseront un procès - verbal de perquisition qu'en vertu d'un mandat d'arrêt, ordonnance de prise de corps, arrêt ou jugement de condamnation à peine afflictive ou infamante, ou à l'emprisonnement.

Art. 76. Il ne sera payé dans une même affaire qu'un seul procès-verbal pour chaque individu, quelque soit le nombre des

---

plusieurs des magistrats qui en sont chargés, se dispensent de décerner un mandat d'arrêt, lorsque le prévenu est déjà détenu en vertu d'un mandat de dépôt. Cette marche a l'avantage d'économiser le coût de la notification du mandat d'arrêt, et elle paraît ne présenter aucun inconvénient, le mandat de dépôt étant suffisant pour retenir le prévenu sous la main de justice jusqu'à la notification de l'ordonnance de prise de corps, et de l'arrêt de mise en accusation.

(*Extrait d'une circulaire de* **M.** *le procureur général près la cour royale de Paris, du 29 mai 1817.*)

perquisitions qui auront été faites dans la même commune.

Art. 77. Si, malgré les perquisitions faites par l'huissier, le prévenu, accusé ou condamné n'est point arrêté, une copie en forme du mandat d'arrêt, de l'ordonnance de prise de corps, de l'arrêt ou jugement de condamnation, sera adressée au commissaire général de police; à son défaut, au commandant de la gendarmerie; et à Paris, au préfet de police.

Le préfet, les commissaires généraux de police et les commandans de la gendarmerie donneront aussitôt à leurs subordonnés l'ordre d'assister les huissiers dans leurs recherches et de les aider de leurs renseignemens.

Enjoignons aux agens de la force publique et de la police de prêter aide et main-forte aux huissiers, toutes et quantes fois ils en seront par eux requis, et sans pouvoir en exiger aucune rétribution, à peine d'être poursuivis et punis suivant l'exigence des cas.

Néanmoins, lorsque des gendarmes (70 *bis*) ou agens de police, porteurs de mandemens de

---

(72 *bis*) Voyez la note (76) sur l'article 174 ci-après.

justice, viendront à découvrir , hors de la présence des huissiers, les prévenus, accusés ou condamnés , ils les arrèteront , et les conduiront devant le magistrat compétent ; et dans ce cas , le droit de capture leur sera dévolu (73).

Art. 78. Le salaire des recors sera toujours à la charge des huissiers qui les auront employés.

Art. 79. Il en sera de même des frais pour la publication à son de trompe ou de caisse, prescrite par l'article 466 du Code d'instruction criminelle.

Art. 80. Lorsque lesdites publications et

---

(73) Cet article a donné lieu à quelques difficultés dans son application. Il a paru nécessaire de faire connaître dans quel cas il est dû un droit aux gendarmes pour la mise à exécution des actes du ministère des huissiers en matière criminelle, correctionnelle et de simple police. Il résulte des dispositions de l'article 72 et du troisième paragraphe de l'article 77 du réglement qu'il ne peut leur être alloué d'indemnité que dans le cas où, porteurs de mandat d'arrêt, d'ordonnance de prise de corps, d'arrêt ou jugement de condamnation , ils parviendraient à découvrir, hors de la présence des huissiers, des prévenus , accusés ou condamnés , et cette indemnité est fixée par l'article 6 du décret du 7 avril 1813.

(*Circulaire du ministre de la justice, du 17 novembre 1818.*)

affiches se feront dans deux communes différentes, chacun des deux huissiers (74) qui
en seront chargés, ne recevra que la moitié
de la taxe fixée par l'article 71, n°. 8.

ART. 81. Les frais de voyage et de séjour
des huissiers seront alloués ainsi qu'il sera
dit dans le chapitre 8 ci-après.

ART. 82. Notre grand juge ministre de la
justice fera dresser et parvenir à nos procureurs des modèles des mémoires (75) que les
huissiers auront à fournir pour la répétition de
leurs salaires; et les huissiers seront tenus de
s'y conformer exactement, sous peine de rejet
de leurs mémoires.

ART. 83. Pour faciliter la vérification de
la taxe des mémoires des huissiers, il sera
tenu au parquet de nos cours et tribunaux, un
registre des actes de ces officiers ministériels:
on y désignera sommairement chaque affaire;
et en marge ou à la suite de cette désignation, on relatera, par ordre de dates, l'objet
et la nature des diligences à mesure qu'elles
seront faites, ainsi que le montant du salaire
qui y est affecté.

---

(74) Voyez ci-dessus la note (61) sur l'art. 71 n° 8.

(75) Voyez ci-après le modèle n°. 2.

Nos procureurs examineront en même tems les écritures, afin de s'assurer qu'elles comprennent le nombre de lignes à la page et de syllabes à la ligne prescrit par l'article 71, n°. 10, et ils réduiront au taux convenable le prix des écritures qui ne seraient pas dans les proportions établies par ledit article.

Art. 84. Nos procureurs et les juges d'instruction ne pourront user, si ce n'est pour causes graves (76), de la faculté qui leur est accordée par la loi du 5 pluviôse

---

(76) D'après ces dispositions, un directeur d'enregistrement s'est cru fondé à refuser de viser des mandemens de cette espèce qui n'énonçaient pas les motifs de l'urgence.

Mais Son Exc. le Garde des sceaux ministre de la justice a fait connaître, 1°. que la raison d'urgence était suffisante pour autoriser MM. les procureurs du Roi et les juges d'instruction à user de la faculté qui leur est donnée par la loi du 5 pluviôse an 13; 2°. qu'il paraîtrait peu convenable de rendre MM. les directeurs de l'enregistrement juges des motifs qui déterminent ces magistrats à user de la faculté dont il s'agit; en conséquence il a décidé, le 10 janvier 1816, que les préposés de l'enregistrement, ne peuvent se refuser à payer les transports d'huissiers hors de leur canton, toutes les fois qu'ils sont appuyés de mandemens exprès, quelque soient les motifs indiqués dans ces mandemens.

(*Art.* 5317 et 5553 *du journal de l'enregistrement.*)

an 13 (77), de charger un huissier d'instrumenter hors du canton de sa résidence (78); ils seront tenus d'énoncer ces causes dans leur mandement, lequel contiendra, en outre, le nom de l'huissier, la désignation du nombre et de la nature des actes, et l'indication du lieu où ils devront être mis à exécution.

Le mandement sera toujours joint au mémoire de l'huissier.

ART. 85. Tout huissier qui refusera d'instrumenter dans une procédure suivie à la requête du ministère public, ou de faire le service auquel il est tenu près la cour ou le tribunal, et qui, après injonction à lui faite

____

(77) Voyez cette loi, note (156) sur l'article 157 ci-après.

(78) L'article 29 du décret du 14 juin 1813 rappelle la défense faite aux huissiers d'instrumenter *en matière criminelle* ou *correctionnelle*, hors du canton de leur résidence, *sans un mandement exprès*; et les articles qui suivent désignent le magistrat qui doit le délivrer.

— Lorsqu'il y a lieu de confier des significations à des huissiers externes, les magistrats doivent avoir soin de régler sur les distances, les délais des procédures; d'adresser leurs lettres et paquets, non directement à ces officiers ministériels, mais aux fonctionnaires publics de l'ordre judiciaire ou administratif du lieu de la signification, avec invitation de faire remplir de suite les formalités

par l'officier compétent, persistera dans son refus, sera destitué, sans préjudice de tous dommages-intérêts et des autres peines qu'il aura encourues.

Art. 86. Les dispositions de l'article 64 ci-dessus sont communes aux huissiers, lesquels, en cas de contravention, seront poursuivis de la même manière par nos procureurs et sous les mêmes peines.

---

nécessaires par les huissiers les plus rapprochés des parties, et de renvoyer les originaux des significations, revêtus de la taxe, afin qu'elle puisse être comprise dans la liquidation des dépens à la charge des condamnés. Le prix des paquets ou lettres chargés ou affranchis sont portés sur les états de crédit que les directeurs des postes tiennent pour ces magistrats. (Voir l'état n°. 9 annexé à l'ordonnance du Roi, du 6 août 1817.) A défaut de bureaux de poste, ils doivent recourir aux autres voies de communication les plus sûres, les plus expéditives, et les plus économiques qui soient employées par les administrations.

(Extrait d'une circulaire du ministre de la justice, du 6 brumaire an 14, transcrite dans l'instruction de M. le directeur général de l'enregistrement, du 5 novembre 1807.)

CHAPITRE VII.

Du Transport des Magistrats.

ART. 87. Les frais de voyage et de séjour des conseillers des cours royales et des conseillers auditeurs délégués dans les cas prévus par les articles 19 et 21 de notre décret du 30 janvier 1811 (78 *bis*), seront payés au taux réglé par ces mêmes articles.

(78 bis) Ce décret porte :

« Art. 9. Les conseillers de la cour royale de Paris, délégués pour présider les cours d'assises et spéciales dans les départemens autres que celui où siégera la cour royale, auront, indépendamment de la totalité de leur traitement, un supplément d'un huitième en sus pour chaque trimestre pendant lequel ils présideront.

Les conseillers des autres cours royales, délégués, comme il est dit au précédent paragraphe, auront un supplément du quart en sus.

Art. 19. Les conseillers des cours royales et les conseillers auditeurs qui seront délégués pour compléter le nombre des juges d'une cour d'assises ou spéciale, recevront pour tous frais de voyage et de séjour, dans les lieux où se tiendront les assises ou la cour spéciale, une indemnité de *quinze francs* par jour, qui leur sera payée comme frais généraux de justice, sur exécutoire décerné par le premier président de la cour royale, et sur le réquisitoire de notre procureur général.

ART. 88. Dans les cas prévus par les articles 32, 36, 43, 46, 47, 49, 50, 51, 52, 59, 60, 62, 83, 84, 87, 88, 90, 464, 488, 497, 511 et 616 du Code d'instruction criminelle, les juges et les officiers du ministère public recevront des indemnités (79) ainsi qu'il suit :

S'ils se transportent à plus de cinq kilomètres de leur résidence, ils recevront pour tous frais de voyage, de nourriture et de

---

Art. 21. Les conseillers délégués dans le cas de l'article 9, qui, après avoir terminé les affaires d'un département, seront délégués durant le même trimestre, dans un autre département, pour y présider la cour d'assises ou la cour spéciale, recevront, à raison de cette nouvelle délégation, *dix francs* par poste pour frais de voyage. »

(79) Le mémoire des indemnités dues au juge de paix doit être rendu exécutoire par le président du tribunal de première instance auquel ressortit la justice de paix, et sur le réquisitoire du procureur du Roi.

(*Observation du mémoire, modèle n°. 27 ci-après.*)

— Le procureur du Roi et le juge d'instruction ne peuvent requérir, ni décerner des exécutoires pour raison des indemnités qui leur sont dues; il faut, dans ce cas, que l'exécutoire soit décerné par le président du tribunal, sur la réquisition du substitut ou d'un juge faisant fonctions du ministère public.

(*Note explicative du mémoire, modèle n°. 28 ci-après.*)

séjour, une indemnité de *neuf francs* par jour ;

S'ils se transportent à plus de deux myria-mètres, l'indemnité sera de *douze francs* par jour.

ART. 89. L'indemnité du greffier ou commis assermenté qui accompagnera (80) le juge ou l'officier du ministère public, sera,

Dans le premier cas, de *six francs* par jour ;

Dans le second, de *huit francs*.

CHAPITRE VIII.

Des Frais de Voyage et de Séjour auxquels l'Instrution des procédures peut donner lieu.

ART. 90. Il est accordé des indemnités aux médecins, chirurgiens, sages-femmes, experts, interprètes, témoins (81), jurés,

---

(80) Le greffier ne doit accompagner ni le procureur du Roi, lorsque celui-ci se transporte en qualité d'officier de police judiciaire, ni le juge d'instruction, lorsque ce magistrat fait par lui-même les actes attribués au procureur du Roi.

(*Note explicative du mémoire, modèle n°. 28 ci-après.*)

(81) Toutes les fois que la nature de l'affaire n'est pas indiquée dans la cédule, ou ne l'est pas suffisamment,

huissiers (82), et gardes champêtres et fo-

---

il faut nécessairement la rappeler dans la taxe, afin qu'on puisse reconnaître si les frais doivent être supportés par le ministère de la justice ou par quelque administration publique, conformément à l'art. 158 du réglement.

Les taxes doivent toujours présenter en marge le décompte ci-dessous :

DÉCOMPTE.

(*Nombre*) myriamètres, à . . . . »   l'un. . . . »   »
(*Nombre*) jours de séjour forcé, à »   l'un. . . . »   »
(*Nombre*) jours de séjour, à . . »   l'un. . . . »   »

Total de la taxe. . . . . . »   »

(*Instruction de la Chancellerie, du* 2 *novembre* 1816.)
— Voyez ci-après l'art. 2 du décret du 7 avril 1813.

(82) Les receveurs ne peuvent refuser d'acquitter des mémoires de frais de justice fournis par des huissiers, sur le motif que ces huissiers ont cumulé dans leurs mémoires des frais de voyage, avec les droits d'exécution de mandats de dépôt, d'arrêt, etc. , attendu la disposition de l'article 90 , qui alloue des frais de voyage toutes les fois qu'il y a transport de l'huissier , quelque soit la nature des actes ou diligences qui donnent lieu à ces transports.

(*Décision du ministre des finances , du* 28 *novembre* 1814. *Art.* 5065 *du journal de l'enregistrement.*)
— Pour les frais de voyage des huissiers , les distances doivent toujours être comptées à partir du chef-lieu du canton, quand même ils n'y feraient point leur résidence.

(*Instruction de la Chancellerie, du* 7 *juin* 1814.)

restiers (83) , lorsqu'à raison des fonctions

---

(83) S. Exc. le ministre des finances, consulté par un préfet sur la question de savoir , dans quel cas les gardes forestiers ont droit à des frais de transport, lorsqu'ils remplissent les fonctions d'huissiers, a répondu à ce magistrat, le 15 février 1822 :

« J'ai examiné, Monsieur, les observations que vous avez faites relativement aux frais réclamés par les gardes forestie s, pour leurs voyages, lorsqu'ils remplissent les fonctions d huissiers, en matière de délits forestiers.

Le décret du 1er. avril 1808 porte , il est vrai , dans son *dispositif*, que tous les actes des gardes forestiers dans lesquels ils remplacent les huissiers, seront taxés comme ceux faits par les huissiers des juges de paix: mais le *considérant* qui garde le silence sur les frais de voyages, fait connaître qu'il ne leur est dû une indemnité que pour les *écritures extraordinaires* auxquelles les assujettit la forme de procéder en matière de citations et d'assignations.

Quant au décret du 18 juin 1811, également invoqué en faveur des prétentions des gardes forestiers, le réglement qu'il renferme sur les frais de justice, ne déroge point aux dispositions de celui du 1er. avril 1808.

Il y a lieu de considérer , d'ailleurs , que ces gardes sont astreints, par la nature de leur service , à faire de fréquentes visites dans leurs arrondissemens respectifs.

Ainsi, Monsieur, ils n'ont droit à aucune rétribution pour les voyages dont il s'agit, à moins qu'ils n'aient agi en vertu d'un mandat spécial du ministère public. »

(*Article* 7168 *du journal de l'enregistrement.*)

qu'ils doivent remplir , et notamment dans les cas prévus par les articles 20 , 43 et 44 du Code d'instruction criminelle , ils sont obligés de se transporter à plus de deux kilomètres de leur résidence , soit dans le canton , soit au-delà (84).

ART. 91. Cette indemnité est fixée pour chaque myriamètre parcouru en allant et en revenant , savoir :

1°. Pour les médecins , chirurgiens , experts , interprètes (85) et jurés (86) , à *deux francs cinquante centimes ;*

2°. Pour les sages-femmes , témoins (87), huissiers (88), gardes champêtres et forestiers , à *un franc cinquante centimes.*

---

(84) Voyez ci-après le décret du 7 avril 1813 , article 2.

(85) Voyez ci-dessus l'article 25 du présent décret , d'après lequel ils ne doivent être payés que comme des témoins , lorsqu'ils ont terminé leurs opérations , et qu'ils ne sont appelés devant le juge d'instruction et aux débats que pour rendre compte de ces opérations.

(86) Voyez ci-après la 5e. taxe du modèle n°. 4.

(87) Voyez ci-après les art. 2 et 4 du décret du 7 avril 1813 , et la 7e. taxe du modèle n°. 4.

(88) L'article 35 du décret du 14 juin 1813 , n'alloue à

Art. 92. L'indemnité sera réglée par myriamètre et demi-myriamètre (89).

Les fractions de huit ou neuf kilomètres,
seront comptées pour un myriamètre, et celles
de trois à sept kilomètres pour un demi-
myriamètre.

Art. 93. Pour faciliter le réglement de
cette indemnité, les préfets feront dresser un
tableau des distances en myriamètres et kilomètres, de chaque commune au chef-lieu de

---

l'huissier qu'un *seul* droit de transport pour la totalité des actes qu'il a faits dans une même course et
dans le même lieu.

— Lorsque plusieurs procès-verbaux sont dressés contre des délinquans d'une même commune, même à des
époques différentes, toutes les assignations doivent être
portées le même jour, de manière à ne donner lieu
qu'à un seul droit de transport, et sauf le cas où le
retard apporté dans les citations pourrait entraîner la
péremption.

(*Extrait de la circulaire de M. le procureur général
près la cour royale de Paris, du 29 mai 1817.*)

(89) La réduction des kilomètres en myriamètres ne
doit pas se faire isolément, d'abord sur les kilomètres
parcourus en allant, puis sur les kilomètres parcourus
en revenant, mais sur les kilomètres *réunis*, tant de
l'aller que du retour; ainsi lorsque le domicile d'un
témoin est éloigné d'un myriamètre trois kilomètres, on ne
doit pas compter un myriamètre et demi pour l'aller et
un myriamètre et demi pour le retour; mais il faut réu

canton, au chef-lieu d'arrondissement, et au chef-lieu de département (90).

Ce tableau sera déposé aux greffes des cours royales, des tribunaux de première instance et des justices de paix, et il sera transmis à notre grand-juge ministre de la justice (91).

ART. 94. L'indemnité de *deux francs cinquante centimes* sera portée à *trois francs*, et celle d'*un franc cinquante centimes* à *deux francs*, pendant les mois de novembre, décembre, janvier et février (92).

ART. 95. Lorsque les individus dénommés ci-dessus seront arrêtés, dans le cours du voyage, par force majeure, ils recevront en indemnité, pour chaque jour de séjour forcé, savoir : (93)

---

nir les trois kilomètres parcourus en allant avec les trois kilomètres parcourus en revenant, et compter en tout deux myriamètres six kilomètres, c'est-à-dire, deux myriamètres et demi.

(*Instruction de la Chancellerie*, du 2 *novembre* 1806.)

(90) Voyez ci-après le modèle n°. 13.

(91) Les magistrats ne doivent jamais allouer plus de myriamètres que ne le porte le tableau des distances, sauf à indiquer à M. le procureur du Roi ou à M. le procureur général, les erreurs qui pourraient y exister, afin qu'elles soient rectifiées.

(*Instruction de la Chancellerie*, du 2 *novembre* 1816.)

(92) Voyez ci-après l'art. 4 du décret du 7 avril 1813.

(93) Voyez ci-après les 5e, 7e et 12e taxes du modèle n° 4.

1°. Ceux de la première classe, *deux francs*;

2°. Ceux de la seconde, *un franc cinquante centimes.*

Ils seront tenus de faire constater par le juge de paix ou ses suppléans, ou par le maire, ou à son défaut par ses adjoints, la cause du séjour forcé en route, et d'en représenter le certificat à l'appui de leur demande en taxe.

Art. 96. Si les mêmes individus, autres que les jurés, huissiers, gardes champêtres et forestiers, sont obligés de prolonger leur séjour dans la ville où se fera l'instruction de la procédure, et qui ne sera point celle de leur résidence (94), il leur sera alloué, pour chaque

---

(94). Toutes les fois que le témoin est entendu, et qu'il peut recevoir le montant de sa taxe le jour même indiqué dans la citation à quelque heure que ce soit, il n'a droit à aucune indemnité de séjour.

L'éloignement du domicile du témoin ne change rien à ce principe ; car il reçoit des frais de voyage proportionnés au nombre de myriamètres qu'il a parcourus.

Cependant, s'il arrive que l'audition du témoin ne soit terminée que très-tard et après la clôture du bureau de l'enregistrement, comme il est forcé d'attendre au lendemain pour recevoir le montant de sa taxe, il peut lui être accordé un jour de séjour ; mais il est indispensable d'énoncer cette circonstance dans la taxe, ce qui, au surplus, doit se présenter assez rarement.

(*Instruction de la Chancellerie, du 2 novembre 1816.*)

— Voez plus haut la note (36) sur l'art. 31.

jour de séjour, une indemnité fixée ainsi qu'il suit :

1°. Pour les médecins, chirurgiens, experts et interprètes (95),

Dans notre bonne ville de Paris, *quatre francs;*

Dans les villes de quarante mille habitans et au-dessus, *deux francs cinquante centimes;*

Dans les autres villes et communes, *deux francs.*

2°. Pour les sages-femmes et témoins, (96)

Dans notre bonne ville de Paris, *trois francs;*

Dans les villes de quarante mille habitans et au-dessus, *deux francs;*

Dans les autres villes et communes, *un franc cinquante centimes.*

Art. 97. La taxe des indemnités de voyage et de séjour sera double pour les enfans mâles au-dessous de l'âge de quinze ans et pour les filles au-dessous de l'âge de vingt-un ans, lorsqu'ils seront appelés en témoignage, et qu'ils seront accompagnés, dans leur route et séjour,

------

(95) Voyez ci-après la 12e. taxe du modèle n°. 4.

(96) Voyez ci-après les 7e. et 12e. taxes du modèle n°. 4.

par leur père , mère, tuteur ou curateur, à la charge par ceux-ci de justifier leur qualité (97).

CHAPITRE IX.

Du Port des Lettres et Paquets.

Art. 98. Les états de crédit mentionnés dans l'article 14 de l'arrêté du gouvernement du 27 prairial an 8 (98), relatif à la franchise et au contre-seing, seront tenus à l'avenir , pour les fonctionnaires ci-après désignés, savoir :

---

(97) Voyez ci-après la 9e. taxe du modèle n°. 4.

(98) Cet article est ainsi conçu :

« Il sera tenu comme ci-devant par les directeurs des postes , des états de crédit pour les juges de paix, les commissaires du Gouvernement près des tribunaux criminels et près de ceux de première instance , ainsi que pour ces mêmes tribunaux en nom collectif, et les directeurs du jury d'accusation, relativement aux lettres taxées concernant leurs fonctions seulement. »

— Voyez , en outre , l'ordonnance du Roi du 6 août 1817 qui accorde aux mêmes fonctionnaires désignés au présent article , la faculté d'obtenir, sur des états de crédit tenus par les directeurs des postes , les lettres taxées qui leur sont adressées concernant leurs fonctions seulement. (Article 5, état n°. 9 y annexé.)

1°. Les premiers présidens des cours royales;

2°. Nos procureurs généraux près les mêmes cours ;

3°. Les présidens des cours d'assises et des cours spéciales ;

4°. Les substituts de nos procureurs généraux près les cours d'assises et spéciales hors du chef-lieu ;

5°. Nos procureurs du Roi près les tribunaux de première instance ;

6°. Les juges d'instruction ;

7°. Les juges de paix ;

8°. Les greffiers en chef des cours royales et les greffiers des tribunaux de première instance.

Art. 99. Nos procureurs généraux jouiront en outre, dans le ressort de la cour royale, du contre-seing et de la franchise pour les lettres et paquets qu'ils adresseront aux autorités constituées et aux fonctionnaires désignés dans l'état annexé au réglement du 27 prairial an 8 (99), et pour ceux qui leur seront adressés des divers points du ressort.

Art. 100. Les directeurs des postes seront tenus de comprendre dans lesdits états de cré-

---

(99) Voyez les états nᵒˢ. 1, 2, 5, 8 et 9 annexés à l'ordonnance du Roi, du 6 août 1817.

dit (100), tous paquets ou lettres que les fonctionnaires ci-dessus désignés jugeront nécessaire d'affranchir ou de charger pour tous autres fonctionnairs publics quelconques (101).

Art. 101. Les paquets ou lettres avec enloppe, adressés aux greffiers, ne seront par

---

(100) Les directeurs des postes ne doivent pas comprendre dans un seul et même état les frais de ports de lettres et de paquets reçus ou affranchis par différens magistrats. Ils doivent s'astreindre à dresser autant d'états qu'il y a de magistrats à qui des crédits ont été ouverts.

(*Extrait d'une circulaire de M. le procureur général près la cour royale de Paris, du 3 décembre 1820.*)

(101) Voyez l'ordonnance du Roi du 6 août 1817, article 6 et état n°. 9 y annexé *in fine*.

— On a demandé si les frais de transport par la poste, des doubles des registres de l'état civil et des pièces annexées qui sont adressés, au commencement de chaque année, au greffe du tribunal de première instance, conformément aux articles 43 et 44 du Code civil, devaient être acquittés comme frais de justice.

Le Ministre de la justice a invité le préfet d'un département à prendre les mesures convenables pour que ces envois se fassent par les messagers des sous-préfectures. S. Exc. a fait observer en même temps que, dans tous les cas, la dépense dont il s'agit ne peut être imputée sur les fonds mis à sa disposition pour l'acquit des frais de justice.

(*Décision du ministre de la justice, du 8 novembre 1810. Art. 4069 du journal de l'enregistrement.*)

eux ouverts qu'au parquet, en présence de nos procureurs, ou d'un substitut, lesquels feront tenir sur un registre particulier une note indicative de chaque envoi, du lieu de départ, du montant de la taxe, et de l'affaire à laquelle l'envoi se rapportera.

Ce registre servira de contrôle aux états qui seront fournis chaque mois par les greffiers, ainsi qu'il sera dit ci-après.

ART. 102. A la fin de chaque mois (102),

---

(102) On a demandé si les préposés de l'administration de l'enregistrement, pouvaient refuser d'acquitter les états de frais de port de lettres concernant les officiers de justice, sur les motifs que ces états sont dressés par trimestre, au lieu de l'être par mois.

Pour l'affirmative, on s'est étayé des termes mêmes de cet article ; mais cette disposition, a-t-on fait observer, ne paraît pas devoir être exécutée à la rigueur ; elle a pour objet de ne laisser les directeurs des postes à découvert d'aucune somme, puisqu'ils rendent leurs comptes tous les mois à leur administration, et seraient obligés de verser des ports de lettres, dont ils ne seraient remboursés qu'à la fin du trimestre ; mais, si quelques directeurs préféraient en faire l'avance afin de diminuer le nombre des états qu'ils ont à dresser, loin qu'il en résultât quelqu'inconvénient, on y trouverait au contraire l'avantage d'éviter des écritures qui paraissent inutiles.

Mgr. le garde des sceaux a partagé cette opinion sur le fond de la question : S. Exc. a pensé que la disposition de l'article 102, dont il s'agit était *facultative,*

il sera fait des états de crédit, article par
article, pour les paquets adressés aux premiers présidens, aux présidens des cours d'assises et des cours spéciales. Ces états, certifiés
par eux et par le directeur des postes, seront
exécutoires de plein droit au profit du directeur des postes, après avoir été préalablement
visés par le préfet (103).

Les états relatifs au crédit des autres fonctionnaires désignés dans l'article 98, seront
certifiés par eux et par le directeur des postes,
rendus exécutoires au profit du directeur des
postes par ordonnance du président de la cour
ou du tribunal (103 *bis*), et visés par le préfet.

---

et a fait connaître, par sa lettre du 9 décembre 1815,
qu'il n'y avait aucun inconvénient à admettre les
états par trimestre aussi bien que les états mensuels.

(*Article* 5298 *du journal de l'enregistrement.*)

(103) **Le visa du directeur de l'enregistrement n'est
pas nécessaire pour cette nature de dépense.**

(*Instruction de* **M.** *le* **Directeur** *général de l'enregistrement, du* 7 *mai* 1807.)

(103 *bis*) Cet article ne dispense pas de la réquisition
du procureur du Roi ordonnée par l'article 140. Il y a
exception pour les premiers présidens, les présidens des
cours d'assises et des cours spéciales.

(*Lettre de l'administrateur de la comptabilité générale
de l'enregistrement au directeur du ci-devant département
de la Frise, du* 13 *septembre* 1813.)

Art. 103. Les fonctionnaires mentionnés dans l'article 98 pourront aussi employer, pour le transport de leurs dépêches, toutes autres voies qui leur paraîtront plus expéditives et plus économiques que celle de la poste, et particulièrement les messagers des préfectures, sous-préfectures ou autres.

CHAPITRE X.

Des Frais d'impression.

Art. 104. Il ne sera payé des frais d'impression sur les fonds généraux des frais de justice criminelle que pour les objets suivans :

1°. Pour les extraits d'arrêts de condamnation à des peines afflictives ou infamantes, ainsi qu'il est dit dans l'article 36 du code pénal ;

2°. Pour les ordonnances portant nomination des présidens et assesseurs des cours d'assises et les arrêts de convocation des cours d'assises et spéciales, le tout en conformité de la loi du 20 avril 1810 (104),

─────────────────────

(104) Cette loi porte :

Art. 22. « L'ordonnance portant fixation du jour de l'ouverture de la séance de la cour d'assises, ou l'arrêt qui indiquera le lieu et le jour de cette ouverture, sera publié par affiches et par la lecture qui en sera faite

et de notre décret du 6 juillet suivant (105) ;

3°. Pour les signalemens des personnes à arrêter ;

4°. Pour les états et modèles d'états relatifs au paiement, à la liquidation et au recouvrement des frais de justice ;

---

dans tous les tribunaux de première instance du ressort, huit jours au moins avant l'ouverture. »

(105) **Ce** décret s'exprime ainsi :

« Art. 88. **L'**ordonnance portant nomination des présidens et des conseillers ou des auditeurs délégués pour la tenue des assises, et fixation du jour de l'ouverture des séances de la cour d'assises, sera envoyée, à la diligence de nos procureurs généraux, aux tribunaux de première instance de la cour d'assises ; elle sera publiée, dans les trois jours de sa réception, à l'audience publique, sur la réquisition du procureur du Roi.

Art. 89. L'annonce de cette ordonnance sera faite dans les journaux du département où siége la cour d'assises. Elle sera affichée dans les chefs-lieux d'arrondissement et siéges des tribunaux de première instance.

Art. 90. Les assises ne pourront être convoquées, pour un lieu autre que celui où elles doivent se tenir habituellement, qu'en vertu d'un arrêt rendu dans l'assemblée des chambres de la cour, sur la requête de notre procureur général.

Cet arrêt sera lu, publié, affiché, ainsi qu'il est dit ci-dessus pour l'arrêt qui doit fixer l'époque de la tenue des assises pendant le premier trimestre de l'installation. »

5°. Pour les actes dont une loi ou un de nos décrets aura ordonné l'impression, et pour ceux dont notre grand-juge ministre de la justice jugera l'impression et la publication nécessaires par une décision spéciale.

ART. 105. Seront imprimés en placards tous les actes qui doivent être publiés et affichés, et ce conformément au modèle que notre grand-juge ministre de la justice en fera dresser à notre imprimerie royale.

Ce modèle (106) sera envoyé à nos procureurs près les cours et tribunaux.

Toutes impressions qui ne seront point conformes au modèle, seront rejetées.

ART. 106. Le nombre d'exemplaires des placards et des autres impressions sera déterminé par nos procureurs généraux, suivant les localités.

ART. 107. Les placards destinés à être affichés seront transmis aux maires, qui les feront apposer dans les lieux accoutumés.

ART. 108. Les cours royales et les tribunaux de première instance nommeront un imprimeur pour faire le service de la cour ou du tribunal.

----

(106) Voyez ci-après les modèles n°s. 11, 14, 15, 25 et 26.

Nos procureurs généraux imformeront notre grand-juge ministre de la justice, du prix et des conditions des marchés qui seront faits avec les imprimeurs de la cour royale et des tribunaux du ressort.

ART. 109. Les épreuves de toutes les impressions seront adressées par les imprimeurs à nos procureurs près les cours et tribunaux, et la correction en sera faite au parquet.

Elles seront communiquées au conseiller-rapporteur et au président de la chambre qui aura prononcé l'arrêt, lorsqu'ils le demanderont.

ART. 110. Il sera tenu note au parquet de toutes les impressions, à mesure qu'elles seront exécutées.

Deux exemplaires de chaque objet seront remis au parquet ;

Deux seront adressés à notre grand-juge ministre de la justice.

ART. 111. Tous les trois mois, les imprimeurs fourniront leurs mémoires (107) à nos procureurs, qui les feront vérifier. Ils joindront à chaque article un exemplaire de l'objet imprimé, comme pièce justificative.

Ces mémoires seront rendus exécutoires par ordonnances des présidens de nos cours et tribunaux, sur les réquisitions du ministère public.

----

(107) Voyez ci-après le mémoire modèle n°. 20.

L'ordonnance contiendra l'indication des lois, des décrets ou des décisions de notre grand - juge en vertu desquels l'impression aura été ordonnée.

Art. 112. Les frais d'impression qui seront à la charge d'un juré condamné pour avoir manqué à ses fonctions, dans les cas prévus par les articles 396 et 398 du Code d'instruction criminelle, seront les mêmes que ceux du marché passé pour les impressions de la cour ou du tribunal.

Auxdits cas, les frais d'affiches seront payés aux prix d'usage dans chaque localité.

CHAPITRE XI.

Des Frais d'exécution des Arrêts.

Art. 113. Il sera fait par notre grand-juge ministre de la justice un réglement (108) qui déterminera les dépenses nécessaires pour l'exécution des arrêts criminels, et réglera le mode de leur paiement.

Ce réglement sera adressé à nos procureurs près les cours et tribunaux et aux préfets, pour le faire exécuter, chacun en ce qui le concerne.

Art. 114. La loi du 22 germinal an 4, relative à la réquisition des ouvriers pour les

____

(108) Voyez ci-après ce réglement.

travaux nécessaires à l'exécution des jugemens, continuera d'être exécutée (109).

Les dispositions de la même loi seront observées dans le cas où il y aurait lieu de faire fournir un logement aux exécuteurs.

ART. 115. Les lois des 13 juin 1793 (110), 3 frimaire et 22 floréal an 2 (111),

---

(109) Cette loi est ainsi conçue :

Art. Ier. « Les commissaires du directoire exécutif près les tribunaux requerront les ouvriers, chacun à leur tour, de faire les travaux nécessaires pour l'exécution des jugemens, à la charge de leur en faire compter le prix ordinaire.

Art. 2. (Cet article est remplacé par le § 12 de l'art. 475 du Code pénal, qui prononce une amende de 6 à 8 francs inclusivement contre les ouvriers, qui, le pouvant, auront refusé ou négligé les travaux requis dans le cas d'exécution judiciaire.) »

(110) Cette loi est ainsi conçue :

Art. Ier. « Il y aura dans chacun des départemens, près les tribunaux criminels un exécuteur de leurs jugemens.

Art. 2. Le traitement des exécuteurs est une charge générale de l'état.

Art. 3. Dans les villes dont la population n'excède pas 50,000 ames, il sera de 2,400 liv.

Dans celles dont la population est de 50 à 100,000 ames, de 4,000 liv.

Dans celles de 100 à 300,000 ames, de 6,000 liv.

Enfin à Paris, le traitement de l'exécuteur sera de 10,000 liv. »

(111) Cette loi porte :

Art. Ier. « Indépendamment du traitement accordé aux

relatives au nombre , au placement , aux gages et à la nomination des exécuteurs et de leurs aides , continueront d'être exécutées (112).

ART. 116. Notre grand-juge ministre de la justice est autorisé à disposer, sur les fonds généraux des frais de justice , d'une somme de trente-six mille francs par année pour l'employer à donner, sur l'avis de nos procureurs et des préfets, des secours alimentaires aux exécuteurs infirmes ou sans emploi , à leurs veuves, et à leurs enfans orphelins, jusqu'à l'âge de douze ans.

Au moyen de la présente disposition, tous les réglemens antérieurs sur les secours accordés aux exécuteurs et à leurs familles, sont abrogés.

---

exécuteurs des jugemens criminels par la loi du mois de juin dernier, il leur sera payé annuellement une somme de 1,600 liv. pour deux aides, à raison de 800 liv. chacun. Celui de Paris sera payé annuellement pour 4 aides, à raison de 1,000 liv. chacun. »

(112) Voyez ci-après l'art. 151 du présent décret.

TITRE II.

Des Dépenses assimilées à celles de l'Instruction des Procès criminels.

CHAPITRE Ier.

De l'Interdiction d'Office.

Art. 117. Indépendamment des poursuites qui seront dirigées contre ceux qui laissent divaguer des fous et des furieux, pour faire prononcer contre les délinquans les peines portées par les articles 471 et 479 du Code pénal, le ministère public, lorsque l'interdiction ne sera pas provoquée par les parens, la poursuivra d'office, non-seulement dans les cas de *fureur*, mais aussi dans les cas *d'imbécillité* et de *démence*, si l'individu n'a ni époux, ni épouse, ni parens connus, conformément à l'article 491 du Code civil.

Art. 118. Les frais de cette procédure seront avancés (113) par l'administration de

____

(113) Les frais en matière d'interdiction poursuivie d'office ne peuvent jamais être payés sur les fonds généraux des frais de justice, quant à ce qui regarde les greffiers.

(Instruction de la chancellerie, du 7 juin 1814.)

l'enregistrement, sur le pied du tarif fixé par notre présent décret ; et les actes auxquels cette procédure donnera lieu, seront *visés pour timbre* et enregistrés *en debet* (114),

---

(114) On a élevé la question de savoir si on pouvait *viser pour timbre* et enregistrer *en debet* des actes et jugemens faits d'office à la requête du ministère public, en matière civile.

On disait, pour la négative, que la loi du 28 avril 1816, interdit sans aucune exception, tout *visa en debet*; qu'à la vérité, ce principe général a été modifié par l'ordonnance du 22 mai 1816 et par la loi du 25 mars 1817 ; mais que les exceptions admises sont restreintes aux actes et jugemens en matière criminelle et de police, et ne concernent nullement ceux en matière civile.

C'est une erreur : on ne peut pas exiger que le ministère public avance les droits de timbre et d'enregistrement, quand il agit d'office et sans l'intervention d'une partie civile, comme dans les cas d'apposition et levée de scellés ; d'actes de tutelle où le juge de paix agit d'office, après l'ouverture des successions échues à des héritiers absens ou à des mineurs qui n'ont ni tuteur ni curateur ; de nomination d'office d'un subrogé tuteur dans le cas prévu par l'art. 421 du Code civil et de jugemens d'ouverture de faillite rendus d'office par le tribunal de commerce.

En effet, ce réglement porte, art. 2 n°. 14, que les frais de poursuite d'office, en matière civile, seront avancés par l'administration comme les frais de justice criminelle.

Les droits de timbre et d'enregistrement des actes et jugemens qui interviennent d'office en matière civile, faisant partie des frais de poursuites, les préposés doivent

conformément aux lois des 13 brumaire et 22 frimaire an 7.

Art. 119. Si l'interdit est solvable, les frais de l'interdiction seront à sa charge ; et le recouvrement en sera poursuivi, avec privilége et préférence, sur ses biens, et, en cas d'insuffisance, sur ceux de ses père, mère, époux ou épouse.

Ce privilége s'exercera conformément aux règles prescrites par la loi du 5 septembre 1807 (115).

Art. 120. Si l'interdit et les parens désignés dans l'article précédent sont dans un état d'indigence dûment constaté par certificat du maire, visé et approuvé par le sous-préfet et par le préfet, il ne sera passé en taxe que les salaires des huissiers (116), et l'in-

---

les porter *en debet*, sauf à les faire ajouter au montant de la liquidation des autres frais, et à poursuivre le recouvrement du tout de la manière ordinaire.

(*Décision du ministre des finances, du 22 novembre* 1817. *Art.* 6028 *du journal de l'enregistrement.*)

(115) Voyez ci-après le texte de cette loi et l'instruction de M. le Directeur général de l'enregistrement du 20 octobre 1807.

(116) M. le procureur du Roi près le tribunal de Rheims a soumis au ministre des finances, la question de savoir, si les huissiers sont tenus de produire, à l'appui des taxes qui leur sont allouées, en matière d'interdiction poursuivie par le ministère public, des certificats

demnité due aux témoins non parens ni alliés
de l'interdit (117).

---

constatant que l'interdit et ses parens sont en état d'indigence. Ce magistrat prétendait, 1°. que les huissiers ne
sont point assujettis à la production de ces certificats ;
2°. que les frais d'interdiction pour cause de fureur sont
toujours à la charge du trésor. S. Exc. a décidé, le 23
octobre 1813, que, d'après l'article 119 de ce décret,
qui ne fait aucune exception pour le cas de fureur,
les frais sont à la charge de l'interdit, toutes les fois que
lui, ses père et mère, époux ou épouse sont solvables ;
et que, pour qu'on puisse s'assurer que les huissiers ne
portent pas dans leurs mémoires des articles étrangers
aux frais de justice à la charge du trésor, il est nécessaire qu'ils appuyent leurs mémoires des certificats attestant, conformément à l'art. 120 du même décret,
l'état d'indigence de l'interdit et de ses parens, ou que
du moins le ministère public fasse mention de ces certificats dans la réquisition mise au bas du mémoire.

C'est donc avec raison que les directeurs de l'enregistrement exigent la production de ces certificats, formalité qui d'ailleurs est prescrite par le nouveau modèle
adressé le 25 décembre 1812.

(*Art.* 4822 *du journal de l'enregistrement.*)

(117) Il résulte de cet article, que les expéditions
relatives à l'interdiction, ne peuvent être faites à la charge
des fonds généraux de frais de justice. Le ministère public
doit veiller avec le plus grand soin à ce que les dispositions
de cet article soient exécutées.

(*Note explicative du mémoire modèle n°. 1er.*)

CHAPITRE II.

Des Poursuites d'office en matière civile.

ART. 121. Les frais des actes et procédures faits sur la poursuite d'office du ministère public, dans les cas prévus par le Code civil, et notamment par les articles 5o, 53, 81, 184, 191 et 192, relativement aux actes de l'état civil, seront payés, taxés et recouvrés ainsi qu'il est dit dans le chapitre précédent.

ART. 122. Il en sera de même lorsque le ministère public poursuivra d'office les rectifications des actes de l'état civil (118), en

____

(118) Plusieurs décisions ministérielles avaient autorisé à viser pour timbre et à enregistrer *gratis*, les actes de procédure et les jugemens à la requête du ministère public, pour réparer les omissions et faire les rectifications sur les registres de l'état civil d'actes dans l'intérêt des individus dont l'indigence était attestée par *un certificat du maire légalisé par le sous-préfet.*

L'art. 75 de la loi du 25 mars 1817, par lequel ces décisions se trouvent confirmées en faveur des individus *notoirement indigens*, n'ayant pas imposé formellement l'obligation de produire un certificat d'indigence délivré par l'autorité locale, et, d'un autre côté, MM. les procureurs du Roi n'étant pas toujours à portée de connaître, par eux mêmes, les facultés réelles des individus, on a

conformité de l'avis de notre Conseil d'état, du 12 brumaire an 11, comme aussi au sujet des poursuites faites en conformité de la loi du 25 ventôse an 11, sur le notariat (119), et

demandé si la représentation d'un certificat était encore indispensable pour que la formalité fut donnée *gratis*.

S. Exc. le ministre des finances à qui il en a été référé, a fait connaître que les décisions d'après lesquelles les actes et jugemens dont il s'agit devaient être admis au *visa* pour timbre et à l'enregistrement *gratis*, sous la condition que l'indigence de la partie intéressée serait attestée par un certificat du maire, doivent continuer à recevoir leur exécution, sauf à MM. les procureurs du Roi à faire insérer dans les actes et jugemens qui demanderont célérité, qu'ils concernent des individus *notoirement indigens*.

Conformément à cette solution, les receveurs ne donneront la formalité *gratis* aux actes et jugemens de l'espèce, que sur la production d'un certificat d'indigence délivré par le maire et légalisé par le sous-préfet, ou lorsque, dans les cas urgens, ces actes contiendront la mention expresse qu'ils intéressent des personnes *notoirement indigentes*, et que d'ailleurs la formalité aura été requise par le ministère public.

(*Extrait de l'instruction de M. le Directeur général de l'enregistrement, du 19 avril 1821.*)

(119) On a élevé la question de savoir comment doivent être payés les frais des poursuites faites à la diligence du ministère public, pour les contraventions aux lois des 6 octobre 1791, 16 floréal an 4 et 25 ventôse an 11, concernant le notariat.

Une décision du ministre de la justice et de celui

généralement dans tous les cas où le ministère public agit dans l'intérêt de la loi et pour assurer son exécution.

---

des finances, du 15 mars 1808, porte, « que toutes les fois qu'il s'agit de contraventions aux lois sur le notariat, dont l'exécution intéresse particulièrement l'ordre social, les fonctions des préposés se bornent à les constater et à les dénoncer au ministère public; et que c'est toujours à celui-ci qu'il appartient de requérir *d'office* les comdamnations prononcées par les lois pour ces contraventions. »

D'un autre côté, l'article 2 de ce décret assimile aux dépenses de l'instruction des procès criminels celles résultant des poursuites *d'office* en matière *civile*.

Les procédures pour contraventions aux lois sur le notariat, étant instruites à la requête du ministère public seul, c'est-à-dire *d'office*, et ayant lieu en matière *civile*, les frais qui en résultent rentrent dans la classe que ce décret assimile *aux frais de justice* proprement dits, et doivent être acquittés comme tels.

D'après ces motifs, Son Exc. le ministre des finances, après s'être concerté avec le ministre de la justice, a décidé, le 10 février 1817, que les frais des poursuites faites à la diligence de MM. les procureurs du Roi, pour contraventions aux lois des 6 octobre 1791, 16 floréal an 4 et 25 ventôse an 11, doivent, conformément aux dispositions de ce décret et principalement des articles 118 et 122, être avancés par les receveurs de l'enregistrement, comme frais de justice, et remboursés à l'administration, selon le mode établi pour les dépenses dont le ministre de la justice est chargé.

(*Art.* 5690 *du journal de l'enregistrement.*)

— Dans cette matière, et généralement toutes les fois

Art. 123. Il n'est point dérogé par les précédentes dispositions à celles de notre décret du 12 juillet 1807 concernant les droits à percevoir par les officiers de l'état civil.

CHAPITRE III.

Des Inscriptions hypothécaires requises par le Ministère public.

Art. 124. Les frais d'inscription hypothécaire, lorsqu'elle sera requise par le ministère public, en conformité de l'article 121 du Code d'instruction criminelle, seront avancés par l'administration de l'enregistrement,

que le ministère public procède pour assurer l'exécution des lois, il faut, comme pour les affaires d'interdiction, distinguer entre le cas où ceux qui sont l'objet du procès sont solvables, et le cas où ils ne le sont pas.

Dans le premier cas, c'est à la direction générale de l'enregistrement à avancer tous les frais du procès, et elle doit s'en faire rembourser le montant par les individus poursuivis, tandis que, dans le second cas, elle ne doit avancer que les salaires des huissiers et l'indemnité due aux témoins non parens, ni alliés, parce que ces frais sont les seuls qui puissent être passés en taxe, et être remboursés à la direction générale sur les fonds du ministère de la justice. Mgr. le garde des sceaux a pensé que c'est en ce sens que doivent être exécutés les art. 117, 118 et suivans de ce décret.

(*Art. 6236 du journal de l'enregistrement.*)

laquelle, en sera remboursée sur les biens des condamnés, dans les cas et aux formes de droit.

Art. 125. Il en sera de même dans tous les cas où le ministère public est tenu, conformément à la loi et à nos décrets, de prendre des inscriptions d'office, dans l'intérêt des femmes, des mineurs, du trésor royal, etc., etc. (120)

------

(120) **Les inscriptions des créances appartenant à l'état,** celles des hypothèques légales des communes et des établissemens publics sur les biens de leurs *receveurs et administrateurs comptables*, celles des mineurs ou interdits sur leurs tuteurs, des femmes mariées sur leurs époux, se font sans avance du droit d'hypothèque et des salaires du conservateur, pour lesquels celui-ci a son recours contre le débiteur grevé. (*Art.* 2153 *et* 2155 *du Code civil.*)

Le conservateur doit viser pour timbre en *debet* les papiers que les procureurs du Roi emploient pour les bordereaux des inscriptions qu'ils sont dans le cas de requérir, sauf le recouvrement du droit de timbre sur le grevé.

(*Décision du ministre des finances, du* 2 *ventôse an* 7.)

— Il ne peut reclamer de salaires, lorsque ces inscriptions deviennent de nulle valeur. (*Solution de la régie de l'enregistrement, du* 28 *pluviôse an* 8.)

— Une décision du ministre des finances, du 17 novembre 1817, porte, « que toutes les fois que des inscriptions de l'espèce ont été requises, et que l'insolvabilité des débiteurs est légalement constatée, il y a lieu de faire la

CHAPITRE IV.

Du Recouvrement des Amendes et Cautionnemens.

Art. 126. Les frais de recouvrement des amendes prononcées dans les cas prévus par le Code d'instruction criminelle et par le Code pénal, seront taxés conformément au tarif réglé par nos décrets du 16 février 1807, pour la procédure civile.

L'avance de ces frais ne sera point imputée, par l'administration de l'enregistrement, sur les fonds généraux des frais de justice

---

déduction des droits de timbre au profit du conservateur, tant pour le registre de dépôt que pour celui des inscriptions. »

Pour opérer cette déduction, de manière à ne point entraver la comptabilité du timbre, il faut allouer en dépense les feuilles de registres employées pour les inscriptions dont il s'agit, au moyen d'un état arrêté entre le conservateur et l'inspecteur, et dont le montant sera, *comme restitution de droits*, déduit des produits passibles de remises. A l'appui de cet état, dans lequel il sera fait mention de la décision du 17 novembre 1817, seront joints les certificats en bonne forme, attestant l'insolvabilité des débiteurs.

(*Art.* 6007 *du journal de l'enregistrement.*)

criminelle (121); elle s'en remboursera, suivant les formes de droit, sur les parties condamnées.

En cas d'insolvabilité des condamnés, les frais de poursuite seront alloués à l'administration dans ses comptes, en conformité de l'article 66 de la loi du 22 frimaire an 7 (122).

Art. 127. Il en sera de même pour le recouvrement des cautionnemens fournis à l'effet d'obtenir la liberté provisoire des prévenus, et dans les cas prévus par les articles 122 et 123 du Code d'instruction criminelle.

---

(121) Ainsi les frais de signification de jugemens portant condamnation à l'amende et aux frais seulement, ne sont pas payables sur ces fonds généraux.

— Voyez ci-après la note (170) sur l'article 164.

(122) Cet article est ainsi conçu :

« Art. 66. Les frais de poursuites payés par les préposés de l'enregistrement pour des articles tombés en non valeur pour cause d'insolvabilité reconnue des parties condamnées, leur seront remboursés sur l'état qu'ils en rapporteront à l'appui de leurs comptes. L'état sera taxé sans frais par le tribunal civil du département (*mainte-nant par le président du tribunal de 1ʳᵉ. instance*), et appuyé des pièces justificatives. »

— Il résulte d'une lettre du ministre de la justice au ministre des finances en date du 29 février 1808, que l'administration de l'enregistrement a, dans l'intérêt du trésor, la faculté de faire ou de ne pas faire constater par

Art. 128. La même disposition est applicable, quant à la taxe, aux poursuites faites par les cautions à l'effet d'obtenir les restitutions, dans les cas de droit, des sommes déposées dans la caisse de l'administration de l'enregistrement, aux termes de l'article 117 du Code d'instruction criminelle.

---

des procès-verbaux de carence, l'insolvabilité des condamnés à des amendes pour délits et à des frais de justice.

Ainsi, pour éviter que le trésor ne supporte, en pure perte, le montant des frais occasionnés par les procès-verbaux de carence, et par les significations et commandemens qui doivent les précéder, aussitôt la remise des extraits des jugemens ou des arrêts portant condamnation d'amendes pour délits, et des liquidations quant aux frais de justice, les receveurs doivent les consigner sur leurs sommiers, et adresser un avertissement à chaque redevable. Ils s'assurent de suite, par tous les moyens qui sont en leur pouvoir, si les débiteurs sont connus dans les communes désignées pour leur domicile, et s'ils possèdent des meubles saisissables ou des immeubles de valeur au moins suffisante pour payer les frais des poursuites. Dans ce cas, ils agissent, sans le moindre retard, pour faire rentrer les sommes dues.

Quant aux articles que les receveurs n'auront pu apurer, ils inviteront les maires des communes à leur donner des renseignemens, et à leur attester, s'il y a lieu, le non-domicile des redevables ou leur insolvabilité, par un certificat visé par le sous-préfet de l'arrondissement.(A Paris ces certificats sont délivrés par les com-

CHAPITRE V.

Du Transport des Greffes.

ART. 129. Lorsqu'il y aura lieu au déplacement des registres, minutes et autres papiers d'un greffe, les frais d'emballage et de transport seront acquittés comme frais généraux de justice, avec les formalités prescrites par notre présent décret (123).

ART. 130. Dans les cas prévus ci-dessus,

---

missaires de police des quartiers respectifs qui les adressent au préfet de police.) Le certificat d'insolvabilité constatera que le redevable ne possède pas des meubles saisissables ou des immeubles de valeur suffisante pour payer les frais des poursuites. Il indiquera en outre le montant des contributions directes du redevable, s'il est imposé. Les receveurs agiront comme il vient d'être dit, relativement aux condamnés contre lesquels il pourra être fait des poursuites utiles ; à l'égard de ceux dont l'insolvabilité sera attestée, l'article sera annullé sur le sommier avec les mentions convenables. Il en sera de même de tous les articles concernant des inconnus.

(*Extrait de l'instruction de M. le Directeur général de l'enregistrement, du 3 juin* 1808.)

(123) Un directeur a refusé de viser et faire payer, comme frais de justice, un exécutoire délivré par le président du tribunal, et visé par le préfet, pour frais de transport des archives d'un greffe supprimé.

S. Exc. le ministre de la justice, consultée sur ce point,

il sera dressé, sans frais, par le greffier (124), et à son défaut par le juge de paix, un bref état des registres et papiers à transporter.

La décharge du transport sera donnée au bas de cet état.

ART. 131. Le mode et les frais du transport seront réglés (125) par le préfet ou le sous-préfet de l'arrondissement; et une copie du marché sera envoyée à notre grand-juge ministre de la justice.

Ces marchés ne seront soumis à l'enregistrement que pour le droit fixe d'un franc.

---

a répondu, le 11 juin 1808, que cette sorte de dépense a toujours été imputée sur les fonds mis à sa disposition pour la poursuite des délits, et que le refus du directeur n'est pas fondé.

(*Article* 2928 *du journal de l'enregistrement.*)

Voyez au surplus le n°. 14 de l'article 2 du présent décret.

(124) Un décret du 24 février 1806 porte, article 4 :

« Lorsqu'il y aura lieu de transporter les procédures d'un tribunal (ou d'une cour) dans une autre, les minutes mêmes seront transportées; et il est défendu de décerner aucun exécutoire pour *copies* qui seraient faites dans ces procédures, sous prétexte de leur transport. »

(125) Le mandat doit être délivré au pied du marché.

Voyez ci-après la 1re. taxe du modèle n°. 4.

TITRE III.

Du Paiement et Recouvrement des Frais de justice criminelle.

CHAPITRE Ier.

Du Mode de Paiement.

Art. 132. Le mode de paiement des frais diffère suivant leur nature et leur urgence; il est réglé ainsi qu'il suit.

Art. 133. Les frais urgens seront acquittés sur simple taxe et mandat du juge mis au bas des réquisitions, copies de convocations ou de citations, états ou mémoires des parties (126).

Art. 134. Seront réputés frais urgens,

---

(126) Et mentionneront si la partie prenante sait ou ne sait pas signer.

Dans le premier cas, la taxe est souscrite d'un acquit.

(Instruction de M. le Directeur général de l'enregistrement, du 15 brumaire an 11.)

1°. Les indemnités des témoins et des jurés (127);

---

(127) Un arrêté du Gouvernement concernant le paiement des taxes de témoins entendus dans les affaires criminelles, du 2 frimaire an 6 (22 novembre 1797), porte :

« Art. 1er. La régie du droit d'enregistrement, prendra sans délai des mesures précises pour que les taxes des témoins entendus dans les affaires criminelles, soit devant les tribunaux criminels, correctionnels ou de police, soit devant les directeurs du jury, juges de paix et autres officiers de police judiciaire, soient acquittées à l'instant même de la présentation qui en sera faite aux bureaux des receveurs, sans distinction d'heures ni de jours.

Art. 2. En cas de contravention, les témoins en porteront leurs plaintes au juge, directeur du jury, ou officier de police judiciaire qui aura taxé leurs indemnités.

Le juge, directeur du jury ou officier de police judiciaire en dressera un procès-verbal, dont il enverra copie dûment certifiée au ministre de la justice.

Art. 3. Sur le compte qui sera, en conséquence, rendu au Gouvernement, de ce procès-verbal, le receveur de l'enregistrement qui se trouvera en contravention, sera destitué. »

Une circulaire de la régie de l'enregistrement, du 14 thermidor an 6, a donné sur cet arrêté les explications suivantes :

La régie a exposé au ministre des finances les inconvéniens qui pourraient résulter de l'abus des dispositions de cet arrêté, et a invité ce ministre à proposer au Gouvernement de fixer une heure à laquelle les receveurs de l'enregistrement seraient autorisés à

2°. Toutes dépenses relatives à des fournitures ou opérations pour lesquelles les
parties prenantes ne sont pas habituellement
employées (128);

---

refuser l'ouverture de leurs bureaux aux témoins qui se
présenteraient pour être payés de leurs taxes; ce ministre en a écrit à celui de la justice, qui lui a marqué,
par une lettre du 17 messidor an 6 : « Qu'il ne pensait
pas que le Gouvernement, par son arrêté, qui n'a pas
été pris sur son rapport, ait entendu par ces mots, *sans
distinction d'heures*, qu'on pût se présenter chez les receveurs à des heures indues ; qu'il a seulement voulu que
ces préposés ne se prévalussent pas de celles fixées pour
la fermeture de leurs bureaux, ni qu'ils s'en fissent
un prétexte pour renvoyer des témoins qui réclame-
raient le paiement de leurs taxes hors du temps con-
sacré à la tenue de ces bureaux, mais à des heures qui
ne sont point suspectes; que tel est le vrai sens de ces
expressions, et qu'il lui paraît suffisant de transmettre
cette explication aux préposés, sans qu'il soit besoin
d'un nouvel arrêté. »

Sur cette réponse, la régie a demandé ce qu'on
devait entendre précisément par *heures indues*. Il
résulte de l'explication donnée à cet égard, par le
ministre des finances, que les bureaux doivent être ouverts pour les paiemens dont il s'agit, depuis une heure
avant le lever du soleil, jusqu'à une heure après le
coucher du soleil.

(128) Voyez ci-dessus la note (24) sur l'article 16 du
présent décret et ci-après l'état modèle n°. 29.

3°. Les frais d'extradition des prévenus, accusés ou condamnés (129).

ART. 135. Lorsqu'un témoin se trouvera hors d'état de fournir aux frais de son dé-

---

(129) Au nombre de ces frais urgens, il faut mettre :

1°. Les rétributions des interprêtes et experts, et des gens qui facilitent leurs opérations, lorsqu'ils ne sont pas domiciliés au chef lieu.

(Décision du ministre de la justice, du 24 germinal an 11. Instruction de M. le Directeur général de l'enregistrement, du 16 thermidor an 11.)

2°. Celles des deux fossoyeurs chargés de l'extraction d'un cadavre.

(Lettre de M. le Directeur général de l'enregistrement, du mois de mai 1814.)

3°. Les frais de visites d'officiers de santé et de salaires des particuliers, pour avoir retiré des cadavres de l'eau.

(Solution de la Régie, du 5 novembre 1811.)

4°. Les indemnités des médecins et chirurgiens accidentellement employés.

Voyez la note (24) sur l'article 16 du présent décret.

— Les paiemens qui doivent se faire d'urgence, ne doivent être faits qu'à ceux à qui ils sont dus. Trop de surprises ont eu lieu relativement à ces sortes de taxes pour qu'on n'y tienne pas rigoureusement la main. La partie prenante doit donc se présenter en personne et donner son acquit daté et signé sur la pièce remise en présence du receveur.

(Instruction de M. le Directeur général de l'enregistrement, du 21 floréal an 13.)

— Voyez ci-après l'article 150 du présent décret.

placement, il lui sera délivré par le président de la cour ou du tribunal du lieu de sa résidence, et à son défaut par le juge de paix, un mandat provisoire à compte de ce qui pourra lui revenir pour son indemnité.

Le receveur de l'enregistrement, qui acquittera ce mandat, fera mention de l'àcompte en marge ou au bas de la copie de la citation (130).

ART. 136. Dans le cas où l'instruction d'une procédure criminelle exigerait des dépenses (131) extraordinaires et non prévues par notre présent décret, elles ne pourront être faites qu'avec l'autorisation motivée de nos procureurs généraux, sous leur responsabilité personnelle, et à la charge par eux d'en informer sans délai notre grand-juge ministre de la justice.

ART. 137. Au commencement de chaque

---

(130) L'omission de cette formalité pourrait donner lieu à de doubles emplois que l'on doit prévenir avec soin.

(131) Lorsque la partie prenante a fait quelques fournitures (*ou des avances*), elle doit joindre, à l'appui de son mémoire, la note détaillée et dûment quittancée des fournitures (*ou des avances*).

Voyez ci-après le mémoire modèle n°. 8.

trimestre (132), les receveurs de l'enregistrement réuniront en un seul état, sur papier libre, tous les frais urgens qu'ils auront
acquittés pendant le trimestre précédent,
pour ledit état être revêtu des formalités
de l'exécutoire et du *visa* dont il sera parlé
ci-après.

------

(132) D'après l'ordonnance du Roi, du 8 novembre
1820, concernant ce nouveau mode de comptabilité, il
a été prescrit aux receveurs de former et de faire rendre
exécutoire, à l'expiration de *chaque mois*, l'état des
frais dont il s'agit, et de l'adresser au directeur avec le
bordereau mensuel de leurs recettes et dépenses.

Cependant, des magistrats ayant pensé que ce décret
pouvait encore être suivi, la régularisation, par mois,
des frais de justice, a éprouvé des difficultés dans
quelques départemens.

Par une circulaire, en date du 2 mars 1822,
Mgr. le garde des sceaux a fait connaître à MM. les
procureurs généraux près les cours royales, les procureurs du Roi près les tribunaux de première instance,
et les juges de paix, que les formalités de l'exécutoire
et du visa qui précédemment ne devaient être remplies
que *par trimestre*, doivent désormais l'être *par mois*.

Cette circulaire est conçue en ces termes :

« Messieurs, en exécution d'une ordonnance du Roi,
du 8 novembre 1820, rendue en conformité du titre 12
de la loi du 25 mars 1817, les préposés des régies et
administrations qui ressortissent au ministère des finances, doivent compter par mois de leurs recettes
et de leurs dépenses. Les dispositions de cette ordon-

Art. 138. Les dépenses non réputées urgentes (133) seront payées sur les états

nance modifient par conséquent celles de l'article 137 du réglement du 18 juin 1811, relatives à l'époque à laquelle les préposés de l'administration de l'enregistrement et des domaines doivent fournir les états des frais urgens en matière criminelle, et notamment des taxes à témoins, pour être revêtus de l'exécutoire. Ces états devant maintenant être produits chaque mois, vous voudrez bien prendre des mesures, chacun en ce qui vous concerne, pour que les états dont il s'agit soient rendus exécutoires aussitôt qu'ils pourront être présentés par les préposés, afin que ceux-ci puissent établir leur compte mensuel. »

D'après ces dispositions, la délivrance des exécutoires ne dépendra dorénavant que de l'exactitude des préposés à soumettre les états de frais de justice à l'approbation des magistrats.

(*Instruction de M. le Directeur général de l'enregistrement, du 22 mai 1822.*)

— Les receveurs doivent expédier par les messagers ou par les voitures publiques, quoique le poids des paquets n'excède pas un kilogramme, les taxes de témoins, de jurés, d'experts, d'interprètes, d'officiers de santé et autres, acquittées par eux dans les procès criminels et correctionnels, en ayant soin d'indiquer sur les enveloppes que les paquets renferment des *pièces de procédure.*

(*Décision du ministre des finances, du 20 novombre 1822. Instruction de M. le Directeur général de l'enregistrement, du 14 décembre suivant.*)

(133) On ne doit pas considérer comme dépenses urgentes,

1°. Les sommes payées aux exécuteurs et aux entre-

ou mémoires des parties prenantes, revêtus de la taxe et de l'exécutoire du juge, et du *visa* du préfet du département (134).

ART. 139. Les états ou mémoires seront taxés article par article, et l'exécutoire sera délivré à la suite ; (135) le tout dans la forme

---

preneurs des ouvrages nécessaires pour l'exécution des jugemens criminels, ni aux entrepreneurs de la conduite des prisonniers, parce que les uns et les autres sont en état d'attendre, soit les ordonnances des préfets, soit le *visa* de ces magistrats, sur les exécutoires qui leur sont délivrés par les juges.

(*Décision du ministre de la justice du* 24 *germinal an* 11, *citée dans l'instruction de M. le Directeur général de l'enregistrement, du* 16 *thermidor an* 11.)

2°. Les actes et diligences des huissiers, qui, sous aucun rapport, ne doivent être acquittés sur de *simples taxes.*

(*Décision de S. Exc. Mgr. le garde des sceaux citée à l'art.* 6236 *du journal de l'enregistrement.*)

(134) Les exécutoires délivrés par M. le président de la section criminelle de la cour de cassation doivent être revêtus du *visa* du prefet, le réglement n'ayant fait aucune exception à cet égard.

(*Décision de son Exc. le grand-juge ministre de la justice rappelée dans une lettre de Son Exc. le ministre des finances, du* 26 *octobre* 1813. *Art.* 4674 *du journal de l'enregistrement.*)

(135) Voyez la note (140) sur l'article 144 ci-après.

qui sera prescrite par notre grand-juge ministre de la justice.

La taxe de chaque article rappellera la disposition du présent décret sur laquelle elle sera fondée.

ART. 140. Les formalités de la taxe et de l'exécutoire seront remplies sans frais par les présidens, les juges d'instruction et les juges de paix, chacun en ce qui le concerne.

L'exécutoire sera décerné sur les réquisitions de l'officier du ministère public, lequel signera la minute de l'ordonnance.

ART. 141. Les juges qui auront décerné les mandats ou exécutoires (136), et les officiers du ministère public (137) qui y auront apposé leur signature, seront respon-

-----

(136) Lorsque la taxe est inférieure au montant de l'état (ou mémoire), le taxateur doit, par une observation qui sera revêtue de sa signature et qui précédera l'exécutoire, donner les motifs de ses réductions et indiquer les articles de l'état (ou mémoire) sur lesquels elles portent.

(*Note explicative de l'exécutoire modèle n°. 9 ci-après.*)

(137) Dans le cas où le ministère public requerrait une diminution de la taxe, il donnera son réquisitoire

sables de tout abus ou exagération dans les taxes, solidairement avec les parties prenantes et sauf leur recours contre elles.

ART. 142. Les présidens et les juges d'instruction ne pourront refuser de taxer et de rendre exécutoires, s'il y a lieu, des états ou mémoires de frais de justice criminelle, par la seule raison que ces frais n'auraient pas été faits par leur ordre direct (138), pourvu toutefois qu'ils aient été faits en vertu des ordres d'une autorité compétente, dans le ressort de la cour ou du tribunal que ces juges président ou dont ils sont membres.

ART. 143. Les états ou mémoires taxés et rendus exécutoires ainsi qu'il est dit dans

---

motivé au pied du certificat de la partie prenante ; alors, dans l'exécutoire, au lieu de ces mots, *sur le réquisitoire de etc.*, on mettra ceux-ci, *vu le réquisitoire ci-dessus, et y ayant égard* (ou sans y avoir égard) *avons arrêté, etc.*

Le réquisitoire motivé, dans ce cas, a pour but de décharger l'officier du ministère public de la responsabilité qui lui est imposée par cet article 141.

(*Observation de l'exécutoire modèle n°. 9 ci-après.*)

(138) La règle générale est que les exécutoires soient décernés par les juges qui ont ordonné les poursuites ; cependant rien n'empêche que la vérification des frais

les articles précédens, seront vérifiés (139)
par le préfet du département, qui apposera son *visa* sans frais au bas de l'exécutoire ; le tout dans la forme qui sera indiquée par notre grand-juge ministre de la justice.

ART. 144. Les états ou mémoires seront dressés de manière que nos officiers de justice et les préfets puissent y apposer leurs

---

de justice auxquels ces poursuites donnent lieu, ne soit faite, et que les exécutoires n'en soient délivrés par le président du tribunal de l'arrondissement, en présence du ministère public, dont l'intervention est nécessaire dans tous les cas, lorsque, par exemple, il est question de procédures faites sur l'ordre du juge de paix. Les juges, dans la hiérarchie judiciaire, étant les surveillans nés des fonctionnaires qui leur sont subordonnés, peuvent, s'ils le jugent convenable, reviser leurs opérations, et, à plus forte raison, se substituer à ceux-ci dans la vérification des frais de justice, et apposer leurs exécutoires sur les mémoires et états qui leur sont présentés, soit par les officiers ministériels, soit par les receveurs de l'enregistrement.

(*Lettre de Son Exc. le grand-juge ministre de là justice à M. le conseiller d'état Directeur général de l'enregistrement et des domaines, du 18 ventôse an 13, transcrite dans l'instruction générale du 21 floréal même année.*)

(139) Si le réglement est inférieur à la taxe, le préfet en donnera les motifs de la manière prescrite par la note (136) sur l'art. 141 ci-dessus.

taxes, exécutoires, réglement et *visa* (140);
autrement ils seront rejetés, ainsi que les mémoires de greffiers ou d'huissiers qui ne seraient point conformes aux modèles arrêtés
par notre grand-juge ministre de la justice,
comme il est dit dans l'article 82 ci-dessus.

ART. 145. Il sera fait de chaque état ou
mémoire trois expéditions, dont une sur papier timbré et deux sur papier libre.

Chacune de ces expéditions sera revêtue
de la taxe et de l'exécutoire du juge, et du
visa du préfet.

La première sera remise au payeur avec
les pièces au soutien des articles susceptibles d'être ainsi justifiés (141);

Le prix du timbre tant de l'état ou mé-

---

(140) L'exécutoire et le visa seront apposés au pied
des états (ou mémoires) et non sur une feuille séparée, à
moins qu'il ne reste pas assez d'espace; alors on ajoutera
une feuille, et l'on aura soin de porter au pied de l'état,
au moins une ligne, soit de l'exécutoire, soit du visa.

(*Note explicative de l'exécutoire modèle n°. 9 ci-après.*)

(141) Ces règles doivent être strictement observées;
mais il faut remarquer, quant aux pièces à produire,
qu'on ne peut exiger que les originaux des actes qui
font partie de la procédure, soient joints par les greffiers
ou huissiers, et qu'il n'est question que de la quittance
de celui qui reçoit, des actes justificatifs de sa qualité
pour toucher, des copies d'exploits contenant la taxe

moire que des pièces à l'appui est à la charge
de la partie prenante (142).

L'une des expéditions sur papier libre res-
tera déposée aux archives de la préfecture;

L'autre sera transmise à notre grand-juge
ministre de la justice, avec l'état du trimestre dont il sera parlé ci-après.

Art. 146. Les états ou mémoires qui ne s'é-
lèveront pas à plus de *dix francs*, ne seront
point sujets à la formalité du timbre (143).

Art. 147. Aucun état ou mémoire fait au

---

du juge, ou des pièces que le décret ordonne nommément de rapporter.

(*Instruction de M. le Directeur général de l'enregistrement, du 18 juillet 1811.*)

(142) Cette nouvelle disposition est l'exécution de
l'article 12 du titre 2 de la loi du 13 brumaire an 7,
qui assujettit au timbre de dimension, les actes admi-
nistratifs *qui se délivrent aux citoyens*; elle confirme
une décision du ministre de la justice, du 14 germinal
an 8, et une circulaire du même ministre aux préfets des
départemens et aux magistrats de l'ordre judiciaire, en
date du 6 brumaire an 14, portant que les droits de
timbre et de confection des mémoires, sont au compte
des parties prenantes.

(*Art. 434 du journal de l'enregistrement, et instructions de M. le Directeur général de l'enregistrement, des
27 fructidor an 10 et 5 novembre 1807.*)

(143) Cette disposition confirme l'art. 16 de la loi
du 13 brumaire an 7 sur le timbre.

nom de deux ou plusieurs parties prenantes ne sera rendu exécutoire, s'il n'est signé de chacune d'elles : le paiement ne pourra être fait que sur leur acquit individuel, ou sur celui de la personne qu'elles auront autorisée spécialement, et par écrit, à toucher le montant de l'état ou mémoire.

Cette autorisation et l'acquit seront mis au bas de l'état, et ne donneront lieu à la perception d'aucun droit (144).

---

(144) Aucun exécutoire ne peut être payé qu'à celui auquel il a été nommément délivré; la partie prenante doit le souscrire de son acquit, daté et signé en présence du receveur.

Si la partie prenante ne se présentait pas en personne pour recevoir le montant d'un exécutoire, et avait un fondé de pouvoir, dans ce cas, le préposé de l'enregistrement, avant d'effectuer le paiement, aurait à s'assurer, si la procuration est spéciale à l'effet du paiement à toucher, si elle est enregistrée et légalisée; et pour une femme en puissance de mari, si elle est de lui autorisée. La procuration se trouvant en règle doit être laissée au receveur qui paye, et annexée à l'exécutoire sur lequel le fondé de pouvoir donne son acquit en cette qualité.

Si le paiement d'un exécutoire est réclamé par des héritiers, il faut qu'ils rapportent, à l'appui de l'ordonnance du juge, un extrait de l'intitulé de l'inventaire fait après décès, dans lequel les héritiers du défunt soient dénommés, ou à défaut d'inventaire, un acte de notoriété reçu sur l'attestation de témoins,

Art. 148. Les états ou mémoires qui comprendraient des dépenses autres que celles qui, d'après notre présent décret, doivent être payées sur les fonds généraux des frais de justice, seront rejetés de la taxe et du *visa*, sauf

---

par un notaire ou juge de paix, énonçant le nombre et les noms des héritiers, et appuyé de l'extrait mortuaire ; si l'acte de décès ne porte pas que le défunt est décédé marié ou célibataire, l'acte de notoriété doit le dire.

Si une femme se présente pour recevoir après le décès de son mari, et qu'elle prétende avoir seule droit au paiement de la somme, elle doit en justifier par acte en bonne forme.

Les mineurs doivent être représentés par leurs tuteurs, qui ont à fournir la preuve de leur qualité.

Les émancipés doivent fournir une expédition ou un extrait de l'acte d'émancipation.

Les représentans des absens ou des interdits ont à remettre un extrait certifié des jugemens d'envoi en possession ou d'interdiction.

Les créanciers d'une partie prenante décédée auraient à fournir l'acte de renonciation par les héritiers, une expédition ou un extrait du jugement qui aurait nommé un curateur à la succession, et une expédition ou un extrait de l'acte d'abandon aux créanciers. Si l'abandon n'était pas général, l'acte aurait à désigner la somme due par le gouvernement et à payer par le préposé.

Les paiemens à faire à des délégataires ne pourraient être faits que sur la remise d'une expédition ou d'un extrait de la délégation énonçant la somme à payer.

Enfin, ceux demandés en vertu de jugemens des tribunaux, ne doivent avoir lieu que sur le rapport d'une

aux parties réclamantes à diviser (145) leurs mémoires par nature de dépenses, pour le montant en être acquitté par qui de droit.

---

expédition ou d'un extrait du jugement, appuyé d'un certificat de l'avoué, visé par le président, et constatant qu'il n'a pas été formé d'opposition ni d'appel dans le délai prescrit par la loi, à l'exécution du jugement, à moins qu'il ne fût exécutoire par provision.

Dans tous les cas ci-dessus, les pièces produites comme nécessaires, doivent rester annexées aux exécutoires, et celles de ces pièces, qui, par leur nature, exigent une légalisation, doivent être revêtues de cette formalité.

C'est avec ces précautions, et en ayant soin de faire souscrire, dater et signer par les parties prenantes leurs acquits sur les exécutoires, que les receveurs verront allouer, sans difficulté et sans retour, dans leurs comptes, les pièces de dépense de cette nature qu'ils auraient acquittées.

Si une partie prenante ne savait pas signer, elle serait obligée de fournir quittance à ses frais par acte public; l'objet des exécutoires est en général assez important pour exiger cette formalité.

(*Instruction de M. le Directeur général de l'enregistrement, du 21 floréal an 13.*)

(145) Les frais des affaires concernant les communes, régies, administrations ou établissemens publics, sont toujours à leur charge, soit que les poursuites aient eu lieu à leur requête, soit même qu'elles aient eu lieu à la requête du ministère public. Les huissiers doivent donc porter leurs actes et diligences dans autant de mémoires qu'il y a d'administrations intéressées. Le montant de ces mémoires rendus exécutoires et visés par le préfet, leur sera

ART. 149. Les exécutoires qui n'auront pas été présentés au *visa* du préfet dans le délai d'une année, à compter de l'époque à laquelle les frais auront été faits (146), ou dont le paiement n'aura pas été réclamé dans les six mois de la date du *visa*, ne pourront être acquittés qu'autant qu'il sera justifié que

---

payé par les préposés de l'administration de l'enregistrement, qui *est chargée d'en poursuivre le recouvrement contre qui de droit.*

(*Lettre de Mgr. le garde des sceaux, du 3 avril 1818, à un procureur du Roi. Article 6523 du journal de l'enregistrement.*)

— Les greffiers et les huissiers ne doivent plus comprendre dans les mémoires de frais payables sur les fonds du ministère de la justice, aucune dépense résultant d'actes et de diligences ayant pour objet le recouvrement des frais dus par les condamnés.

Voyez ci-après la note (167) sur l'article 164.

(146) Un huissier a présenté à la fin de décembre 1814, au *visa* du préfet, le mémoire des actes de son ministère faits par lui pendant l'année 1814, à partir du 8 janvier. Ce mémoire fut visé le 2 janvier 1815; mais le paiement en a été refusé par le directeur des domaines, attendu qu'il contenait plusieurs articles étrangers au ministère de la justice. Ces articles ayant été retranchés, le mémoire fut de nouveau soumis au visa du préfet, le 1er. mai 1815. Le receveur de l'enregistrement à la caisse duquel ce mémoire devait être acquitté, se refusa au paiement, sous le prétexte que le mémoire avait été visé après l'année,

les retards ne sont point imputables à la partie dénommée dans l'exécutoire.

Cette justification ne pourra être admise que par notre grand-juge ministre de la justice, après avoir pris l'avis de nos procureurs généraux, ou des préfets, s'il y a lieu.

ART. 150. Les frais d'extradition des prévenus, accusés ou condamnés, seront acquittés sur simple mandat du préfet le plus voisin du lieu où se fera l'extradition, d'apres les états de dépense dûment certifiés par les autorités compétentes. Ces états demeureront joints aux mandats des préfets.

ART. 151. Les gages des exécuteurs des jugemens criminels et de leurs aides (147) seront payés par mois ou par trimestre, sur simples mandats des préfets (148).

à compter de l'époque à laquelle les frais avaient été en partie faits contrairement à l'art. 149 du réglement.

L'huissier s'est pourvu auprès de S. Exc. le ministre des finances, qui a décidé, le 27 mai 1815, que le paiement devait avoir lieu, le mémoire ayant été présenté au *visa* le 2 janvier 1815.

(*Art.* 5186 *du journal de l'enregistrement.*)

(147) Voyez ci-dessus l'article 115 et les notes y relatives.

(148) Voyez la note (170) sur l'article 167 du présent décret.

— Les mémoires des exécuteurs peuvent être rédigés

ART. 152. Les préfets ne délivreront leurs mandats et n'apposeront leur *visa* sur les exécutoires, que d'après les règles établies par notre présent décret, et après une exacte vérification de chacun des articles de dépense portés dans les états ou mémoires.

Ils réduiront (149) au taux convenable les sommes qui surpasseraient les fixations faites par nos décrets, et les articles non tarifés qui leur paraîtraient exagérés.

Ils rejetteront en totalité les dépenses non autorisées ou non suffisamment justifiées, et celles dont la taxe ne rappellerait pas l'article qui l'autorise, ainsi qu'il est dit dans l'article 139 ci-dessus.

---

sur *papier libre* pour leurs salaires et secours alimentaires; mais ceux pour frais extraordinaires d'exécution, doivent être sur papier timbré.

(*Avis du ministre de la justice, du* 18 *mai* 1813. *Lettre de M. le Directeur général de l'enregistrement à l'administrateur de la septième division, du* 22 *du même mois.*)

(149) Quelques juges et préfets ont cru pouvoir compenser des articles trop élevés avec des articles qui leur ont paru n'avoir pas été portés à leur prix ; ils n'ont, en conséquence, fait aucune réduction. Cette marche a été sur-tout suivie relativement aux myriamètres parcourus, et c'est une erreur dans laquelle ils doivent éviter de retomber.

(*Note explicative du mémoire modèle n°.* 2 *ci-après.*)

Ils pourront exiger la représentation des pièces, à l'effet de vérifier les taxes soumises à leur révision.

ART. 153. Le secrétaire général de l'administration de l'enregistrement à Paris, et les directeurs de cette administration dans les départemens, ne pourront refuser leur *visa* sur les mandats ou exécutoires qui auront été délivrés conformément aux dispositions de notre présent décret, si ce n'est dans les cas suivans :

1°. S'il existe des saisies ou oppositions au préjudice des parties prenantes, ainsi qu'il est dit dans notre décret du 13 pluviôse an 13 (150);

---

(150) Lorsqu'il y a opposition au paiement d'un mandat ou d'un exécutoire pour frais de justice, la totalité doit en être acquittée; savoir, à la partie saisie, pour la portion insaisissable, et au préposé de la caisse des consignations pour le surplus, dont quittance sera donnée au receveur, au pied du mandat ou de l'exécutoire.

En conséquence, le directeur autorise le paiement de la totalité du montant du mandat ou de l'exécutoire. Il fait mention de l'opposition dans son *visa*; il y exprime la somme à acquitter à *la partie saisie*, et celle qui devra l'être à *l'agent de la caisse des consignations.* (*Décision du ministre des finances et de celui de la justice, du* . . . . *citée dans l'instruction de M. le Directeur général de l'enregistrement, du 13 juillet 1812.*)

2°. Si ces mandats ou exécutoires comprennent des dépenses autres que celles dont l'administration de l'enregistrement est chargée de faire l'avance sur les crédits ouverts à notre grand-juge ministre de la justice.

Dans ces deux cas, le secrétaire général et les directeurs de l'administration feront mention, en marge ou au bas des mandats ou exécutoires, des motifs de leur refus de les viser (151).

____

(151) D'après la première disposition de cet article, un directeur s'était cru autorisé à refuser le *visa* des mandats ou exécutoires pour frais de justice, non-seulement dans les deux cas spécialement prévus, mais encore lorsque les mandats ou exécutoires ont été délivrés d'une manière contraire au réglement. Ainsi, il avait refusé de viser un état de vacations dues à des experts écrivains dans une affaire de faux, parce que le juge d'instruction, au lieu d'avoir taxé ces vacations suivant le taux établi par l'article 22 du réglement, les avait allouées conformément à l'article 163 du décret du 16 février 1807, qui a été modifié par le présent réglement.

Mgr. le garde des sceaux a fait connaître au juge d'instruction que tous les experts employés en matière criminelle ou correctionelle, doivent être taxés selon l'article 22 de ce réglement ; mais, d'un autre côté, S. Exc. a annoncé que, néanmoins, le refus du directeur n'était pas fondé, parce qu'il n'appartient aux directeurs de refuser de viser les mandats ou exécutoires pour frais de justice, qu'autant qu'il existe des opposi-

ART. 154. Les mandats et exécutoires délivrés pour les causes et dans les formes déterminées par notre présent décret, seront
payables chez les receveurs établis près le
tribunal de qui ils émaneront (152).

---

tions au préjudice des parties prenantes, ou que ces
mandats ou exécutoires comprennent des dépenses autres que celles dont l'administration est chargée de faire
l'avance sur le crédit ouvert au ministère de la justice.

(*Lettre de S. Exc. le ministre des finances*, du 28
août 1822.)

Il résulte de ces explications, que l'irrégularité de la
taxe ne doit point empêcher de viser les mandats ou
exécutoires délivrés en matière de frais de justice, toutes les fois qu'il n'y a pas d'opposition au préjudice des
parties prenantes, et que les frais sont de la nature de
ceux dont l'administration est chargée de faire l'avance
pour le ministère de la justice. Le redressement des
erreurs a lieu, alors, au ministère de la justice, de la
manière prescrite par les art. **172** et 173 du réglement.

(*Art.* 7285 *du journal de l'enregistrement.*)

Cependant, quoique les abus sur le fond des taxes
ne puissent empêcher le *visa* et le paiement des ordonnances, les directeurs n'en doivent pas moins rendre compte à l'administration des irrégularités qu'ils
auraient reconnues, afin que des mesures soient prises,
s'il y a lieu, pour les faire réformer.

(*Instruction de M. le Directeur général de l'enregistrement,* du 18 *juin* 1811.)

(152) On a soumis au ministre des finances la question de savoir, si lorsque les préfets n'emploient, pour
les notifications d'extraits de listes de jurés, que les

Art. 155. Les greffiers et les huissiers ne pourront réclamer directement des parties le paiement des droits qui leur sont attribués.

CHAPITRE II.

De la Liquidation et du Recouvrement des Frais.

Art. 156. La condamnation aux frais (153) sera prononcée, dans toutes les procédures,

---

huissiers les plus voisins du domicile des jurés, les mandats qu'ils délivrent pour le paiement des actes, peuvent être acquittés par les receveurs les plus voisins du domicile des huissiers qui y ont procédé.

S. Exc. a répondu, le 9 février 18.3, que les huissiers, après avoir fait ordonnancer au chef-lieu du département leurs états par le juge taxateur et le procureur du Roi, et les avoir fait viser par les préfets, doivent encore les soumettre au *visa* du directeur de l'enregistrement. Qu'en conséquence, il est sans inconveniens réels pour ces officiers ministériels, d'être obligés de toucher ou de faire toucher leurs honoraires aux lieux où ils ont à remplir toutes les formalités qui doivent précéder leur paiement.

(*Art.* 4567 *du journal de l'enregistrement.*)

(153) Ces frais de poursuites qui sont avancés par le trésor s'élèvent annuellement à une somme très-considérable, et la raison comme la justice, demandaient que le recouvrement put s'en faire sur les condamnés qui les occasionnent par leurs délits ; c'est ce que le corps législatif a ordonné par une loi du 18 germinal an 7.

Voyez ci-après cette loi.

solidairement contre tous les auteurs (154) et

(154) On a élevé la question de savoir si, lorsque, pour cause d'insulte faite séparément par deux individus à un magistrat en fonctions, un même jugement, rendu d'après une instruction qui a été suivie simultanément contre l'un et l'autre accusés, acquitte l'un et condamne l'autre, celui-ci doit payer la totalité des frais ou seulement la moitié.

On a pensé que ces deux délits ayant été réunis et instruits simultanément, la totalité des frais devait rester à la charge de la partie condamnée.

A l'appui de cette opinion, on cite l'art. 2 de la loi du 18 germinal an 7 (*voyez ci-après cette loi*), et une décision du ministre de la justice, du 28 pluviôse an 11.

Cette décision a été rendue dans l'espèce suivante :

Huit particuliers ont été prévenus d'un assassinat ; deux de ces prévenus ont été condamnés à mort, et les six autres ont été acquittés ; les frais de procédure se sont élevés à 8,000 francs, et le tribunal criminel n'avait décerné exécutoire que pour 2,000 francs, par le motif que les frais de procédure devaient être supportés en portions égales par chacun des prévenus, et que deux seulement sur huit ayant été condamnés, les trois quarts des frais devaient être à la charge de l'État.

S. Exc. le ministre de la justice a ordonné, le 28 pluviôse an 11, la rectification de cet exécutoire, par le motif que dès que l'accusation porte sur un délit commun, et qu'il y a un ou plusieurs condamnés, la totalité des frais doit être supportée par eux et aucune partie n'en doit rester à la charge du trésor.

La cour de cassation a confirmé ce principe par ses arrêts en date des 6 septembre et 8 octobre 1813.

Il résulte de ces citations, que la disposition de la loi

complices du même fait, et contre les personnes civilement responsables du délit (155).

---

du 18 germinal an 7 , et celle de l'article 156 du régleglement ne sont relatives qu'au cas où il y a plusieurs accusés, auteurs ou complices du même fait; telle est l'espèce dans laquelle le ministre de la justice a rendu sa décision.

Mais la question dont il s'agit est bien différente : il n'y a rien de commun entre les délits des deux accusés ; la cumulation qui a été faite de la dénonciation contre eux dans le même procès-verbal , n'a point confondu les délits dont chacun a nécessairement fait un corps d'accusation séparé et indépendant de l'autre ; il pouvait, en conséquence, être l'objet d'une instruction particulière et d'un jugement distinct, et dès lors chaque accusé n'a dû supporter que les frais occasionnés par l'accusation portée contre lui.

Ainsi, les frais relatifs à celui qui a été acquitté, restent nécessairement à la charge du trésor de l'État.

(*Art.* 3691 *du journal de l'enregistrement.*)

(155) L'article 1384 du Code civil déclare les père et mère responsables du *dommage* causé par leurs enfans mineurs.

Cette responsabilité, purement *civile*, ne peut être appliquée aux amendes et frais de justice dans les affaires criminelles, correctionnelles et de police, à moins d'une disposition expresse et spéciale de la loi.

Cette disposition expresse existe en matière de délits dans les bois de l'*Etat* (*ordonnance de* 1669, *arrêt de la cour de cassation du* 6 *avril* 1820), en matière de délits de *chasse* (*loi du* 30 *avril* 1790, *art.* 6); mais elle n'existe pas pour les *délits ruraux* (*arrêt de la cour de cassation du* 11 *septembre* 1818).

ART. 157. Ceux qui se seront constitués parties civiles (156), soit qu'ils succombent ou non,

---

Cette responsabilité forme une action civile qui *peut* être poursuivie en même-temps et devant les mêmes juges que l'action publique, mais qui *peut* aussi l'être *séparément*.

L'arrêt du 11 septembre 1818, précité, a reconnu que le juge n'est compétent, pour connaître de l'action civile, que lorsqu'il est saisi en même temps de l'action publique pour l'application de la peine; mais lorsque le tribunal a prononcé la peine, il cesse d'être compétent pour l'application des dispositions relatives à la responsabilité civile. Dans ce cas, c'est au tribunal civil du domicile des personnes responsables du condamné que cette application doit être demandée par l'administration de l'enregistrement, dans la forme ordinaire, et sans ministère d'avoué.

Voir les art. 2, 3, 4, 584, 585 et 587 du Code d'instruction criminelle, relatifs à l'action en demande de dommages-intérêts.

(*Art.* 6960 et 7142 *du journal de l'enregistrement.*)

(156) La partie civile doit, d'après cet article, être condamnée aux frais du procès, sauf son recours contre le prévenu ou accusé condamné.

(*Arrêt de la cour de cassation, du 7 juillet 1820.*)

— Loi relative à la diminution des frais de justice en matière criminelle et de police correctionnelle, du 5 pluviôse an 13 (25 janvier 1805).

Art. 1er. Les citations, notifications et généralement toutes significations à la requête de la partie publique en matière criminelle ou de police correctionnelle, seront faites par les huissiers audienciers des tribunaux

seront personnellement tenus (157) des frais

établis dans les lieux où elles sont données, ou par les huissiers des tribunaux de paix : en conséquence, il ne sera jamais alloué de frais de transport aux huissiers, à moins toutefois qu'ils n'aient été chargés, par un mandement exprès du procurenr général, ou du procureur du Roi, ou du directeur du jury, chacun en ce qui le concerne, de porter hors du lieu de leur résidence lesdites citations, notifications, ou significations; elles pourront aussi être données par les gendarmes.

Art. 4. En matière de police correctionnelle, ceux qui se constitueront parties civiles, seront personnellement chargés des frais de poursuite, instruction et signification de jugement.

En toute affaire criminelle, la partie publique sera seule chargée des frais d'exécution; elle fera l'avance des frais d'instruction, expédition et signification des jugemens, du remboursement desquels ceux qui se seront constitués parties civiles seront personnellement tenus; sauf, dans tous les cas, le recours des parties civiles contre les prévenus ou accusés qui auront été condamnés.

— Voyez aussi les art. 66, 67 et 68 du Code d'instruction criminelle.

—Celui qui s'est constitué partie civile ne peut, s'il ne s'est point départi dans les vingt-quatre heures, échapper aux dispositions de ces articles, ni en se désistant de sa demande en dommages-intérêts, ni même en renonçant à demander une simple restitution.

(*Arrêt de la cour de cassation*, du 13 mai 1813.)

(157) Par jugement correctionnel du 29 mars 1816, le sieur M. . . . . . . est condamné à 16 francs d'amende

d'instruction, expédition et signification des jugemens, sauf leur recours contre les prévenus ou accusés qui seront condamnés, et contre les personnes civilement responsables du délit.

Art. 158. Sont assimilés aux parties civiles,

---

et aux frais liquidés à 30 francs 63 centimes ; le condamné est insolvable, mais le sieur C. . . . . . s'est porté partie civile, et il lui est adjugé des dommages-intérêts.

Ce dernier devait donc, conformément à l'art. 4 de la loi du 5 pluviôse an 13, faire l'avance des frais ; il en a été autrement : c'est la direction générale qui a fait cette avance, et l'on prétend qu'elle ne peut en poursuivre le remboursement contre le sieur C. . . . . , qu'elle n'a ce droit, d'après le même article, qu'en matière criminelle.

Cette opinion n'est pas fondée ; les délits intéressent la société d'une manière moins importante que les crimes, et le législateur a voulu que les procédures devant les tribunaux correctionnels, fussent suivies aux frais de la partie civile, lorsqu'elle intervient, et qu'elle fit les avances des frais ; la direction générale avait droit de refuser de les payer, à plus forte raison a-t-elle le droit d'en exiger le remboursement de la partie civile : il s'en suit naturellement, qu'elle ne doit poursuivre le condamné que pour le paiement de l'amende, et qu'elle n'a pas à s'occuper de sa solvabilité ou de son insolvabilité pour le paiement des frais.

On peut donc, dans l'espèce, décerner contrainte contre la partie civile, en paiement des frais, et sans discussion préalable des facultés des condamnés.

(*Art.* 6296 *du journal de l'enregistrement.*)

1^r. Toute régie ou administration publique (158), relativement aux procès suivis,

---

(158) On ne peut cependant pas ranger dans la classe de ces administrations, la direction des contributions directes, l'administration des corps militaires, ni les autorités civiles ou judiciaires qui dépendent immédiatement des divers ministères, attendu que les délits qui sont poursuivis en leur nom ou par leurs préposés, intéressent directement l'état et la vindicte publique; et les frais de poursuites doivent, conséquemment, être à la charge du trésor public.

Les dispositions de cet article 158 ne s'appliquent qu'aux autres administrations d'un second ordre, et aux divers établissemens publics qui possèdent des biens particuliers, ou qui perçoivent des revenus, des rétributions et des amendes dont le produit est affecté à des dépenses spéciales.

Tels sont l'université royale et tous les établissemens qui en dépendent, la direction générale des douanes, celle des droits réunis ou contributions indirectes, des forêts, de l'enregistrement et des domaines, des postes, la caisse d'amortissement, la banque, l'administration des domaines de la couronne ou des dotations, les hospices, les fabriques des églises, etc.

Cette énumération est, sans doute, incomplète; mais elle suffira pour faire distinguer, dans les différentes affaires qui peuvent se présenter, celles dont l'instruction doit être faite aux frais de l'état, de celles où il existe de plein droit, une partie civile.

(*Extrait du traité de la législation criminelle, par M. le Graverand, tome premier, chapitre* 19.)

soit à sa requête, soit même d'office et dans son intérêt (159) ;

---

(159) Un receveur de l'enregistrement avait acquitté des taxes à témoins, relatives à des poursuites faites pour contraventions aux lois sur les mines. On avait pensé que le remboursement devait en être fait par l'administration des mines et non sur les fonds généraux des frais de justice.

Mais les amendes auxquelles donnent lieu les affaires de cette nature, n'étant point attribuées à l'administration des mines, et étant versées au profit du trésor royal, S. Exc. Mgr. le garde des sceaux a décidé, le 9 septembre 1817, que les frais de poursuites dont il s'agit, doivent être acquittés sur les fonds de son ministère, affectés au paiement des frais de justice.

(*Art.* 5860 *du journal de l'enregistrement.*)

—On a élevé la question de savoir, si les frais des poursuites faites dans l'intérêt des communes et des administrations ou établissemens publics, devaient, dans tous les cas, être mis à leur charge.

S. Exc. le ministre de la justice a décidé, le 11 janvier 1822, que les articles 157 et 158 du présent décret ne sont pas applicables aux affaires qui entraînent des peines afflictives ou infamantes, et que, dans ce cas, les frais doivent être payés sur les fonds généraux des frais de justice.

S. Exc. le ministre des finances a donné connaissance de cette décision à MM. les préfets, par une circulaire du 22 mars 1822, portant « que toutes les fois qu'une affaire intéressant une commune, une administration publique ou un établissement public, est de nature à entraîner une peine afflictive ou infamante, la

2°. Les communes et les établisssemens publics (160), dans les procès instruits, ou à leur

___

dépense occasionnée par la procédure doit être acquittée sur les fonds généraux des frais de justice, d'après les ordonnances du préfet, mises au pied de la taxe des tribunaux, comme pour les autres affaires poursuivies d'office et exclusivement à la requête du ministère public, par le motif que, dans ce cas, les poursuites sont dirigées dans l'intérêt de l'ordre social, plutôt que dans celui de telle ou telle administration. »

Ainsi, ces frais doivent être payés sur le crédit du ministère de la justice, lorsque les poursuites se rapportent à un *crime* que les lois, aux termes de l'art. 1er. du Code pénal, punissent d'une peine *afflictive* ou *infamante* ; mais ils doivent continuer d'être à la charge des communes, administrations ou établissemens, quand il s'agit de *contraventions* ou *délits* susceptibles, d'après le même article du Code, d'être punis de peines *de police* ou de peines *correctionnelles*.

(*Instruction de M. le Directeur général de l'enregistrement, du 24 avril 1822. Art. 7148 du journal de l'enregistrement.*)

(160) Voyez la note précédente.

— Lorsque des individus exercent sans diplôme la médecine ou la chirurgie, ou tiennent des écoles d'enseignement sans autorisation, le ministère public poursuit la repression de ces infractions aux réglemens de l'université.

Il s'est élevé la question de savoir si l'administration de l'enregistrement doit acquitter les frais de ces procédures ; et, dans ce cas, si ces frais doivent être im-

requête, ou même d'office, pour crimes ou délits commis contre leurs propriétés.

ART. 159. Toutes les fois qu'il y aura partie civile en cause, et qu'elle n'aura pas justifié de son indigence dans la forme prescrite par l'article 420 du Code d'instruction criminelle,

---

putés sur les fonds généraux du ministère de la justice, ou être remboursés par l'université.

Mgr. le garde des sceaux et S. Exc. le ministre des finances ont décidé les 5 octobre 1819, 1er. et 23 mai 1820, que les frais de l'espèce sont dans le cas d'être acquittés par les préposés de l'enregistrement; mais que, d'après les articles 157 et 158 du présent réglement et 56 du décret du 15 novembre 1811, concernant le régime de l'université, ces frais sont à la charge de cet établissement.

Ainsi, les préposés sont autorisés à avancer les frais de poursuites relatifs à l'université, comme ils avancent les autres frais de justice, sauf, au lieu d'imputer ces frais de poursuites, sur les fonds généraux du ministère de la justice, à les porter en dépense pour le compte de l'université, afin que l'administration en fasse opérer le remboursement de la manière prescrite.

(*Art. 6701 du journal de l'enregistement.*)

— Des doutes avaient été élevés sur la question de savoir si les établissemens publics, considérés comme parties civiles devaient acquitter directement les frais. Le ministre des finances a décidé, le 24 septembre 1812, et le ministre de la justice a fait connaître aux procureurs généraux, le 6 octobre suivant, que les frais des procédures instruites pour. . . . . . . délits concernant les bois des

les exécutoires pour les frais d'instruction, expédition et signification des jugemens, pourront (161) être décernés directement contre elle.

---

communes, hospices et autres établissemens publics, sont susceptibles d'êtres payés, pour le compte de ces établissemens par les préposés de l'enregistrement et des domaines, qui tiendront un compte ouvert avec chacun d'eux pour s'en faire rembourser le montant.

(*Instruction de M le Directeur général de l'enregistrement, du 24 octobre 1821.*)

(161) Une circulaire du ministre de la justice, du 6 brumaire an 14, rapportée dans l'instruction de M. le Directeur général de l'enregistrement, du 5 novembre 1807, s'exprime ainsi :

« La seule remarque à faire sur l'art. 4 et dernier de la loi du 5 pluviôse an 13 (voyez cet article à la note (156) ci-dessus, c'est qu'en cas de retard ou impossibilité de la part des parties civiles en matière correctionnelle de fournir aux frais de poursuites, les magistrats délivreront successivement exécutoire contre elles à chaque officier ministériel, ou bien qu'ils donneront un exécutoire général de la somme présumée nécessaire pour l'instruction du procès, et ordonneront le dépôt de cette somme sans frais, soit dans la caisse du receveur de l'enregistrement, soit entre les mains du greffier du tribunal; ils auront égard, d'ailleurs, aux motifs des retards, à la condition des parties et au degré de célérité que l'intérêt public ou celui du prévenu ou accusé pourra commander. »

— Cependant cette disposition de l'article 159 est facultative; elle dépend de la volonté des juges, et ne

Art. 160. En matière de police simple ou correctionnelle, la partie civile qui (162)

---

peut autoriser le refus d'acquitter les exécutoires qu'ils décernent sur les caisses de l'administration de l'enregistrement.

(*Art.* 3080 *et* 7040 *du journal de l'enregistrement.*)

— A l'égard de l'abus des certificats d'indigence, il peut facilement être réprimé, puisque cet article et les précédens (voyez encore l'art. 177 ci-après) autorisent la répétition des frais contre les parties civiles en état de les supporter, et que, dans les cas de surprise de ces certificats, les juges ne pourront se refuser à ordonner le recours subit des sommes avancées pour elles.

(*Décision du ministre des finances, du* 18 *vendémiaire an* 12. *Instruction de M. le Directeur général de l'enregistrement, du* 17 *frimaire suivant.*)

(162) Il résulte de l'article 4 de l'ordonnance du Roi, du 22 mai 1816, que dans les affaires de police correctionnelle ou de simple police qui sont poursuivies à la requête d'un établissement public, la partie poursuivante n'est pas tenue de consigner d'avance le montant des frais de poursuite; que la formalité de l'enregistrement est donnée en *debet*, et qu'il y a lieu de suivre la rentrée des droits contre les parties condamnées, en même temps et de la même manière que celle des frais de justice.

Postérieurement, l'acquit des salaires dus aux huissiers pour des affaires de cette nature, ayant éprouvé des difficultés dans quelques départemens, Son Exc. le ministre des finances, d'après l'invitation du ministre de la justice, a rappelé, par ses lettres des 31 janvier et

n'aura pas justifié de son indigence, sera tenue, avant toutes poursuites, de déposer

---

29 août 1821, que dans les cas mêmes où les frais de la
poursuite peuvent être à la charge des communes pour
délits commis contre leurs propriétés, elles doivent être
dispensées de consigner le montant de ces frais, et que
pour ne pas suspendre le cours de la justice, l'avance
doit en être faite par les caisses du domaine, sauf le
recours de droit contre la commune dans l'intérêt de
laquelle la poursuite aurait eu lieu.

Ainsi, les communes et établissemens publics, dans
la poursuite des délits qui intéressent leurs propriétés,
sont considérés comme parties civiles, et néanmoins dispensés de consigner le montant des droits et des frais.
Les formalités ont lieu en *débet*, et les frais sont acquittés, à titre d'avance, sur les caisses de l'administration de l'enregistrement.

A l'égard du recouvrement, il doit être suivi, soit
contre le délinquant condamné, soit contre l'établissement considéré comme partie civile. L'action est ou-
verte vis-à-vis de l'établissement, lorsque le condamné
est insolvable, ou lorsque le prévenu du délit a été renvoyé de la plainte.

Dans le cas de jugement de condamnation contre
le délinquant, le receveur agit vis-à-vis du condamné,
ainsi qu'il est prescrit par l'ordonnance du Roi du
22 mai 1816, pour faire rentrer les frais en même temps
que l'amende. Si le condamné est reconnu insolvable,
l'action recursoire est exercée pour les frais contre l'é-
tablissement.

Lorsque le tribunal renvoie le prévenu de la plainte
formée pour délit dans la propriété d'un établissement

au greffe, ou entre les mains du receveur de l'enregistrement (163), la somme présumée nécessaire pour les frais de la procédure.

Il ne sera exigé aucune rétribution pour la garde de ce dépôt, à peine de concussion.

---

public, le jugement d'absolution doit contenir, conformément à l'art. 163 du présent réglement une condamnation contre cet établissement, en remboursement des frais et droits avancés pour lui par l'administration de l'enregistrement, et la liquidation ou taxe du montant de cette avance.

(*Instruction de M. le Directeur général de l'enregistrement, du 24 octobre 1821.*)

(163) Dans le cas où un dépôt de cette nature aurait lieu dans une caisse de l'administration de l'enregistrement, le receveur doit avoir soin de constater sur le registre de recette des frais de justice, le nom de la partie, la date du versement, et le montant de la somme déposée; le produit ne sera pas tiré hors ligne, et l'enregistrement devra seulement être apostillé du mot *dépôt*; il est nécessaire, pour le maintien de l'ordre, que chaque paiement d'exécutoire relatif à la procédure, soit enregistré *pour mémoire*, au journal de dépense; enfin, il sera ouvert, sur le sommier des frais de justice, un compte particulier pour chaque affaire, sur lequel les sommes reçues et payées seront successivement portées; les receveurs reserveront les pièces jusqu'à ce que leur comptabilité soit apurée par une décharge définitive de la partie, lors de l'emploi entier des fonds.

(*Instruction de M. le Directeur général de l'enregistrement, du 5 novembre 1807.*)

Art. 161. Dans les exécutoires décernés sur les caisses de l'administration de l'enregistrement pour des frais qui ne sont point à la charge de l'État, il sera fait mention qu'il n'y a point de partie civile en cause, ou que la partie civile a justifié de son indigence (164).

Art. 162. Sont déclarés, dans tous les cas, à la charge de l'État, et sans recours envers les condamnés,

1°. Les frais de voyage des conseillers de nos cours royales et des conseillers auditeurs qui seront délégués aux cours d'assises ou spéciales;

2°. L'indemnité des jurés pour leur déplacement;

3°. Toutes les dépenses pour l'exécution des arrêts criminels (165).

Art. 163. Il sera dressé, pour chaque affaire criminelle, correctionnelle ou de simple police, un état de liquidation des frais autres que ceux qui sont mentionnés dans l'article précédent; et lorsque cette liquidation n'aura pu être insérée (166), soit dans l'ordonnance de mise en liberté, soit dans

---

(164) Voyez ci-dessus la note (161) sur l'art. 159.

(165) Voyez ci-dessus la note (53) sur l'art. 53 du présent décret, et ci-après le réglement du 3 octobre 1811 sur ces dépenses.

(166) On a demandé s'il y avait lieu de recouvrer, sur

l'arrêt ou le jugement de condamnation, d'absolution ou d'acquittement, le juge compétent
décernera exécutoire (167) contre qui de droit,
au bas dudit état de liquidation.

---

les condamnés en matière de simple police et de police
correctionnelle, les frais de capture de leur personne.

L'affirmative sur cette question ne paraît pas douteuse ; l'art. 162 ci-dessus ne met à la charge de
l'État que les dépenses pour l'exécution des arrêts
criminels, ce qui doit s'entendre seulement des dépenses qui sont l'objet du chapitre 2 du titre 1er.
de ce réglement, et qui n'ont rien de commun
avec les frais de capture des condamnés.

Quant au mode de recouvrement de ces frais contre
ces condamnés, comme les frais de capture faits ou à
faire postérieurement à la condamnation ne peuvent, en
général, être compris dans la liquidation de dépens faite
par le jugement, il ne peut y être pourvu qu'au moyen
d'exécutoires partiels et supplémentaires, qui peuvent
être délivrés par le juge compétent, en vertu de l'art.
163 du réglement précité.

(*Lettre du S. Exc. le ministre de la justice, du* 11 *décembre* 1821. *Art.* 7189 *du journal de l'enregistrement.*)

— Voyez ci-après l'état modèle n°. 10.

(167) On a demandé si on devait distraire du montant des exécutoires, dans les affaires correctionnelles,
les droits de timbre et d'enregistrement en *debet*, lorsque ces affaires ont été instruites à la requête du ministère public.

D'après la loi du 22 frimaire an 7, et l'ordonnance
du Roi du 22 mai 1816, tous les actes, procès-verbaux
et jugemens en matière de simple police et de police

Art. 164. Le greffier remettra, dans le plus court délai (168), au préposé de l'administration de l'enregistrement chargé du recouvrement (169), un extrait de l'ordonnance,

---

correctionnelle, doivent être visés pour timbre et enregistrés *en debet,* ou *au comptant,* suivant que les poursuites seront faites à la seule requête du ministère public, ou concurremment avec une partie civile, et dans ce cas, la rentrée des droits doit être suivie contre les parties condamnées.

Par ces motifs, S. Exc. le garde des sceaux, a fait connaître, le 3 janvier 1816, que la distraction des droits dont il s'agit ne devait point avoir lieu.

(*Art.* 5699 *du journal de l'enregistrement.*)

Mais les actes et jugemens, en matière criminelle, étant exempts de la double formalité du timbre et de l'enregistrement, d'après les lois des 13 brumaire et 22 frimaire an 7, et l'ordonnance du Roi du 22 mai 1816, il ne faut pas comprendre leur coût dans les frais de justice.

(168) Dans les quatre jours que ces jugemens seront devenus *définitifs faute d'appel.*

(*Circulaire du ministre de la justice à MM. les procureurs généraux, du* 14 *mai* 1813, *et instructions de M. le Directeur général de l'enregistrement, en date des* 22 *juin* 1813 *et* 14 *septembre* 1820.)

(169) Depuis le 1er. juillet 1811, le recouvrement doit se faire par les receveurs du domicile des condamnés.

(*Décision du ministre des finances, du* 2 *avril* 1811, *citée dans l'instruction de M. le Directeur général, de l'enregistrement du* 11 *mai* 1811.)

arrêt ou jugement, pour ce qui concerne la liquidation et la condamnation au remboursement des frais, ou une copie (170) de l'état de liquidation (171) rendu exécutoire, ainsi qu'il est dit dans l'article précédent.

------

(170) On ne doit délivrer qu'un extrait ou une copie de l'état de liquidation et non pas l'un et l'autre.

(*Instruction de la Chancellerie*, du 7 juin 1814.)

L'article 2 de l'ordonnance du Roi, du 3 novembre 1819, ayant mis, à compter du 1er. janvier 1820, à la charge de l'administration de l'enregistrement les frais résultant de la levée des extraits d'arrêts ou de jugemens, ainsi que le coût des copies d'états de liquidation de frais et dépens, délivrés aux receveurs, et autres actes semblables, tels que citations, notifications et captures faites pour parvenir au recouvrement des amendes et frais de procédures, les greffiers doivent porter les indemnités qui leur sont dues dans un mémoire séparé pour cet objet. Les receveurs l'acquitteront d'après l'ordonnance du président du tribunal, mise au pied de ce mémoire.

(*Instruction de M. le Directeur général de l'enregistrement*, du 10 décembre 1819.)

(171) L'indemnité payée aux jurés, restant à la charge du trésor, elle ne doit pas être comprise dans l'état de liquidation des frais et dépens à délivrer par le greffier.

(*Circulaire du ministre de la justice aux préfets*, du 3 décembre 1812.)

Il en transmettra un double à notre grand-juge ministre de la justice, pour servir à la vérification de l'état de trimestre dont il sera parlé ci-après.

ART. 165. Les préfets inscriront sur un registre particulier, sommairement et par ordre de dates et de numéros, les mandats qu'ils délivreront en vertu de notre présent décret, ainsi que les *visa* qu'ils apposeront sur les états ou mémoires, avec indication du nombre et de la nature des pièces produites au soutien.

Ils porteront le numéro de l'inscription, tant sur leurs mandats que sur les trois expéditions desdits états ou mémoires, et sur chacune des pièces produites à l'appui; ces pièces seront en outre cotées par première et dernière.

ART. 166. Dans la première quinzaine de chaque trimestre, les préfets adresseront à notre grand-juge ministre de la justice un état relevé sur le registre mentionné dans l'article précédent, et conforme au modèle arrêté par ce ministre; ils y joindront les doubles des états ou mémoires qu'ils auront visés pendant le trimestre expiré.

ART. 167. Dans la première quinzaine du second mois de chaque trimestre, les directeurs de l'administration de l'enregistrement adresseront au directeur général de cette administration, un état conforme au modèle (172) arrêté par notre grand-juge ministre de la justice, avec les mandats et exécutoires que les receveurs de leur arrondissement auront acquittés pendant le trimestre précédent (173).

Ces mandats et exécutoires seront accompagnés des originaux des pièces justificatives.

ART. 168. *Le directeur général de l'administration de l'enregistrement fera parvenir à notre grand-juge ministre de la justice, dans les trois mois, au plus tard, après l'expiration de chaque trimestre, un état général conforme au modèle arrêté par ce ministre, auquel état seront joints les états particuliers des directeurs, ainsi que les mandats et exécutoires accompagnés des originaux des pièces justificatives.*

ART. 169. *Notre-grand juge ministre de la*

––––––––––––––––––

(172) Voyez les modèles nᵒˢ. 30 et 31 ci-après.

(173) D'après une décision de Mgr. le garde des sceaux, en date du 30 janvier 1818, les directeurs ne doivent pas confondre dans le même état, les frais acquittés *sur simples mandats des préfets* avec ceux payés ou régularisés en vertu *des exécutoires décernés par les juges.*

(*Instruction de M. le Directeur général de l'enregistrement, du 16 février 1818.)*

justice fera procéder à la vérification de l'état général qui lui aura été adressé;

Il l'arrêtera à la somme totale des paiemens qui lui paraîtront avoir été régulièrement faits.

Il délivrera du montant une ordonnance au profit de l'administration de l'enregistrement, le tout sans préjudice des restitutions qu'il pourrait y avoir lieu d'ordonner ultérieurement.

ART. 170. Cette ordonnance sera remise, avec l'état général ci-dessus mentionné et les pièces à l'appui, par l'administration de l'enregistrement, à notre ministre du trésor royal, lequel délivrera, en échange, un récépissé admissible dans les comptes de cette administration.

ART. 171. Notre grand-juge ministre de la justice pourra, lorsqu'il le croira convenable, envoyer des inspecteurs pour visiter les greffes et y faire toutes vérifications relatives aux frais de justice.

ART. 172. Toutes les fois que notre grand-juge ministre de la justice reconnaîtra que des sommes ont été indûment allouées à titre de frais de justice criminelle, il en fera dresser des rôles de restitution, lesquels seront par lui déclarés exécutoires contre qui de droit, lors même que ces sommes se trou-

veraient comprises dans des états déjà or-
donnancés par lui; pourvu néanmoins qu'il ne
se soit pas écoulé plus de deux ans depuis
la date de ses ordonnances.

ART. 173. Si, dans les états de frais urgens dressés par les receveurs de l'enregistrement, les préfets trouvent qu'il y ait abus
ou surtaxe, ils dresseront, du montant des
sommes qu'ils ne croiront pas légitimement
allouées, des rôles de restitution conformes
au modèle (174) arrêté par notre grand-juge
ministre de la justice, et ils les adresseront
à ce ministre pour être par lui déclarés
exécutoires, s'il y a lieu.

ART. 174. Le recouvrement des frais de
justice avancés par l'administration de l'enregistrement, conformément aux dispositions
de notre présent décret, et qui ne sont point
à la charge de l'État, ainsi que les restitutions
ordonnées par notre grand-juge ministre de
la justice, en exécution des deux articles précédens seront poursuivis par toutes voies de

---

(174) Voyez ci-après ce modèle n°. 12.

— Les rôles de restitution seront faits en double
expédition, et ne seront adressés au ministre de la justice qu'avec l'état du trimestre dans lequel les taxes
seront comprises.

(*Note explicative du modèle n°. 12 ci-après.*)

droit (175), et même par celle de la contrainte par corps (176), à la diligence des préposés de ladite administration, en vertu des exécutoires mentionnés aux articles ci-dessus.

---

(175) Le ministre des finances a été consulté sur la question de savoir, si l'on devoit appliquer aux hommes détenus dans les maisons de correction, sa décision du 23 floréal an 11, qui a déclaré insaisissable, *à cause des frais de poursuite*, la portion du produit du travail des femmes détenues à St.-Lazare et aux Madelonnettes, qui doit leur être remise à leur sortie de ces maisons.

Son Exc. a décidé, les 7 janvier 1806 et 9 novembre 1815, qu'à l'avenir, il ne serait formé aucune saisie-arrêt pour le remboursement des frais de justice, sur la portion que les condamnés de l'un ou de l'autre sexe reçoivent du produit de leur travail, lorsqu'ils sortent de prison.

(*Circulaire de M. le Directeur général de l'enregistrement, du 13 janvier 1806. Art. 5300 du journal de l'enregistrement.*)

(176) Il résulte de la combinaison des art. 157, 159, 163, 164 et 174, que la partie civile est sous le joug de l'exécutoire, comme le condamné, et que, si cet exécutoire a été décerné contre elle, elle doit en subir toutes les conséquences. Ainsi, la partie civile est, au besoin, contraignable par corps.

(*Art. 7199 du journal de l'enregistrement.*)

— Un procureur du Roi avait pensé que c'était aux huissiers, et non aux gendarmes, à mettre à exécution la

Art. 175. Pour l'exécution de la contrainte par corps dans les cas ci-dessus prévus, il suffira de donner copie au débiteur, en tête du commandement à lui signifié,

1°. Du rôle ou des articles du rôle sur lesquels sera intervenue l'ordonnance de recouvrement ;

---

contrainte par corps employée, à défaut de paiement, contre les individus condamnés à l'amende ou au remboursement des frais de justice.

Ce magistrat motivait son opinion sur les dispositions des articles 174, 175 et 176 de ce décret.

Ces dispositions s'appliquent uniquement au recouvrement qu'ont à poursuivre les *préposés*, d'*avances* et de *taxes abusives*; tandis que, dans l'espèce, il s'agit du recouvrement *d'amendes et de frais de justice* prononcés au profit de l'État, et à raison desquels la contrainte par corps, lorsque les circonstances obligent d'y recourir, est exercée à la requête du *procureur du Roi.*

Il n'y a donc pas identité. D'un autre côté, la loi du 28 germinal an 6, sur l'organisation de la gendarmerie porte, article 140, que c'est aux gendarmes à mettre à exécution les jugemens et ordonnances de justice, lorsque le soin de cette exécution est confié ou dévolu au ministère public.

Enfin, et c'est en cela surtout que l'administration avait intérêt à faire statuer, l'emprisonnement des redevables, lorsqu'il a lieu à l'aide des gendarmes, est beaucoup moins dispendieux que lorsqu'il est effectué par le ministère des huissiers.

M. le sous-secrétaire d'Etat au département de la

2°. De l'ordonnance de notre grand-juge ministre de la justice portant restitution de la somme à recouvrer, en ce qui concernera le débiteur contraint.

ART. 176. Les huissiers préposés pour les actes relatifs au recouvrement, pourront recevoir les sommes dont les parties offriront

---

justice a reconnu que, dans le cas dont il s'agit, c'est aux gendarmes à mettre à exécution la contrainte par corps.

(*Art.* 6798 *du journal de l'enregistrement.*)

— D'après une décision du ministre des finances, du 18 mai 1821, l'administration ne doit employer la voie de la contrainte par corps, que contre des condamnés *solvables.*

Les règles prescrites pour l'exécution de la contrainte par corps, en matière civile ou de commerce, ne sont point applicables en matière criminelle, correctionnelle et de simple police. MM. les procureurs du Roi doivent, lorsqu'ils en sont requis par les directeurs de l'enregistrement, donner les ordres nécessaires, soit pour faire retenir le condamné, après l'expiration de ses peines, soit pour le faire arrêter ou écrouer en vertu de la contrainte par corps, lorsqu'il se trouve en liberté.

(*Décisions du ministre de la justice, du 11 avril 1817, et de celui des finances, du 12 septembre suivant. Art. 5734 du journal de l'enregistrement.*)

— M. le Directeur de l'enregistrement et des domaines du département de Seine-et-Marne a adressé, le 6 septembre 1822, aux préposés de cette ad-

de se libérer dans leurs mains ; à la charge par eux d'en faire mention sur leurs répertoires, et de les verser immédiatement dans

---

ministration dans ce département, la circulaire ci-après transcrite :

« M. le Directeur général a présenté au ministre des finances des observations relativement au refus fait par le ministère public , dans plusieurs départemens , de seconder l'administration dans les mesures à prendre pour exercer sans frais la contrainte par corps contre les condamnés à l'amende qui sont solvables.

Son Exc. l'a informé , le 20 septembre 1822 , que le ministre de la justice , à qui il en a référé , lui a répondu le 10 , que lorsque le jugement a prononcé la peine de l'emprisonnement conjointement avec l'amende , le procureur du Roi doit , d'après l'art. 197 du Code d'instruction criminelle , faire exécuter *d'office* , le jugement ; mais lorsqu'il n'a été prononcé qu'une amende , Mgr. le garde des sceaux croit qu'il est douteux que le ministère public puisse intervenir pour ramener à exécution ces condamnations par la voie de la contrainte par corps , attendu que le Code de procédure n'a fait aucune exception en faveur des administrations qui ont le droit d'exercer la contrainte par corps , et qu'elles sont obligées de prendre les voies de droit comme les particuliers.

Néanmoins, comme en matière de délits forestiers, il importe surtout d'assurer l'exécution des jugemens pour réprimer les contraventions, Son Exc. se propose d'examiner s'il ne conviendrait pas d'introduire un mode par-

la caisse du receveur de l'enregistrement (177), à peine d'être poursuivis et punis conformément aux articles 169, 171 et 172 du Code pénal, s'ils sont en retard de plus de trois jours.

---

ticulier qui offrirait les moyens d'exercer sans frais les contraintes par corps contre les condamnés présumés insolvables.

MM. les administrateurs des forêts ont été invités à fixer leur attention sur ce point important, dans le travail préparatoire dont ils s'occupent relativement au mode forestier.

D'après ces dispositions, vous ne proposerez d'exercer la contrainte par corps, par l'intermédiaire des procureurs du Roi, qu'autant que les jugemeus prononçant l'emprisonnement n'auraient pas été exécutés, et, lorsque les redevables seront détenus, vous les ferez recommander par acte extrajudiciaire.

Je vous donnerai counaissance des mesures qui seront prises ultérieurement en ce qui concerne les délits forestiers. »

(177) Il importe essentiellement, pour qu'il ne résulte pas d'abus de la faculté laissée à ces officiers, que les préposés de l'enregistrement, à l'époque de la présentation des répertoires au *visa* et lors de leurs vérifications chez les huissiers, s'assurent si toutes les sommes mentionnées sur le repertoire ont été remises aux receveurs avec la régularité nécessaire ; et qu'en cas d'omissions, ils en dressent un procès-verbal dont l'effet sera suivi conformément au décret.

(*Instruction de M. le Directeur général de l'enregistrement, du 18 juillet 1811.*)

Art. 177. L'administration de l'enregistrement rendra compte des recouvremens effectués, de la même manière que de ses autres recettes.

En cas d'insolvabilité des parties contre lesquelles seront décernés les exécutoires, les receveurs seront déchargés des recouvremens qui concerneront ces parties, en justifiant de leurs diligences, et en rapportant des certificats d'indigence légalement délivrés (178); sans préjudice toutefois des poursuites qui pourront être exercées dans le cas où lesdites parties deviendraient solvables (179).

----

(178) Voyez la note (122) sur l'art. 126 du présent décret.

(179) Les poursuites pour le recouvrement des frais de justice peuvent être suspendues par des certificats d'indigence ; mais il ne résulte pas de la délivrance de ces certificats que les préposés de l'administration soient dispensés des vérifications ultérieures, ni qu'ils puissent annuller d'une manière absolue les articles sur les sommiers.

Les préposés ne doivent recourir aux certificats d'insolvabilité, qui remplacent les procès-verbaux de carence, qu'après avoir fait eux-mêmes toutes les recherches convenables pour s'assurer si les condamnés sont solvables et peuvent être poursuivis avec espoir de recouvrement. Lors même que l'indigence *personnelle* du condamné est

Art. 178. Dans le courant de chaque trimestre, l'administration de l'enregistrement
remettra à notre grand - juge ministre de la

---

attestée par le maire , ce n'est pas un motif pour renoncer à toutes diligences.S'il résulte des preuves acquises
ou des renseignemens recueillis une présomption suffisante que le redevable , écroué ou recommandé , trouvera par lui-même . ou par sa famille , des moyens
pour acquitter sa dette et faire cesser son emprisonnement : il y a lieu d'en rendre compte au directeur ,
qui autorisera la contrainte par corps ou la recomman-
dation.

Si le condamné subit une détention en vertu du même
jugement ou pour toute autre cause , on peut agir *avant
sa mise en liberté,* afin d'éviter les frais de l'exécution
d'une contrainte par corps. Comme les préposés de l'administration doivent faire leurs diligences au nom du
procureur du Roi, conformément à l'art. 197 du Code
d'instruction criminelle , rien n'empêche qu'ils se con-
certent d'avance avec ce magistrat pour faire écrouer
ou recommander , dans l'intérêt de l'administration ,
les condamnés contre lesquels il y aurait lieu de recourir à cette mesure. C'est ainsi que s'en est expliqué
Mgr. le chancellier par un lettre écrite, le 18 septembre
1816, à Son Exc. le ministre des finances.

Voyez ci-dessus la note (176) sur l'art. 174.

Il résulte du jugement de condamnation une hypothèque judiciaire, qui grève non seulement les biens
présens du condamné, mais encore ceux qu'il viendrait
à acquerir ; et l'on ne peut négliger de conserver cette
hypothèque par l'inscription.

Un certificat d'insolvabilité n'opère donc point la décharge complette du receveur, et ne doit pas entraîner

justice, des états de situation des recouvremens du trimestre précédent, dressés dans la forme qui sera par lui déterminée.

---

l'annullation absolue de l'article sur ce sommier. L'emprisonnement même à la requête de l'administration, lorsqu'il a duré six mois en matière correctionnelle, sans que le recouvrement de l'amende et des frais de justice ait eu lieu, n'emporte pas remise de la dette, ni exemption des poursuites et de la contrainte par corps. L'article 53 du Code pénal, en n'accordant que la mise en liberté *provisoire*, après ce temps expiré, décide que, dans tous les cas, il y a lieu de reprendre la contrainte par corps, *s'il survient au condamné quelque moyen de solvabilité.*

Il est dans l'esprit de la loi que l'indigence actuelle du condamné n'autorise point à renoncer à tout recouvrement ultérieur. De quelque manière que cette indigence soit attestée ou constatée, il n'en doit résulter qu'une *surséance* indéfinie aux poursuites, sauf à les reprendre dans le cas où le condamné deviendrait solvable.

(*Instruction de M. le Directeur général de l'enregistrement, du 22 octobre 1816.*)

— Les frais dont la condamnation est prononcée au profit de l'État, ne peuvent être considérés comme une *peine.* Leur paiement par le condamné n'est que la restitution des avances faites pour assurer la répression des délits, et quoique leur recouvrement donne lieu, comme celui des amendes, à la contrainte par corps, ils ne sont pas soumis aux mêmes prescriptions.

(*Décisions des ministres de la justice et des finances en date des 28 août et 6 septembre 1816, citées dans l'instruction de M. le Directeur général de l'enregistrement du 12 octobre 1816.*)

A la fin de chaque trimestre ou de chaque exercice, le montant des sommes recouvrées sera compensé (180), jusqu'à due concurrence, avec les avances faites par l'administration, pendant le même exercice, pour frais généraux de justice, et il en sera fait déduction dans ses comptes.

Art. 179. Notre grand-juge ministre de la justice nous présentera, chaque année, un bordereau général, tant des ordonnances qu'il aura délivrées pour frais de justice, que des sommes qui auront été recouvrées par l'administration de l'enregistrement sur le montant de ces ordonnances.

---

(180) Voyez ci-après l'ordonnance du Roi, du 3 novembre 1819.

TITRE IV.

Des frais de justice devant la Haute-Cour royale, les Cours prévôtales et les Tribunaux des douanes.

CHAPITRE Ier. (181)

De la Haute-Cour royale.

ART. 180. Notre grand procureur général près la haute-cour royale taxera lui-même, selon les règles établies par notre présent décret, les frais des procédures instruites par notre dite cour (182).

(181) Ce chapitre est applicable à la Cour des Pairs. La Haute-Cour n'existe plus.

(182). On avait pensé qu'on ne devait pas payer comme frais de justice un mémoire de frais de transports relatif à la translation d'individus, prévenus de conspiration et conduits à Paris, en vertu de mandats d'amener de la Cour des Pairs.

Mais il résulte des dispositions de l'art. 2 n°. 1er. et de l'art. 180 du présent décret, que les frais de translation des prévenus et accusés sont à la charge du ministère de la justice; en conséquence, Mgr. le garde des sceaux a prescrit, le 7 avril 1821, de faire payer le montant des frais dont il s'agit sur les fonds destinés à l'acquit des frais de justice criminelle.

(*Art. 6952 du journal de l'enregistrement.*)

Art. 181. Il réglera les dépenses du parquet et du greffe auxquelles donneront lieu les formes particulières de procéder de la haute-cour royale.

Art. 182. Il proposera, et notre grand-juge ministre de la justice déterminera les frais de voyage et de séjour des magistrats du parquet, lorsqu'ils seront forcés de se déplacer pour le service de la haute-cour.

Art. 183. Les dispositions de notre décret du 17 mars 1809, seront applicables aux huissiers qui seront nommés par le prince archichancelier, pour le service de la haute-cour royale et de son parquet.

Art. 184. Toutes les dépenses ci-dessus seront acquittées sur les mandats de notre grand procureur général, visés par le préfet du département de la Seine et approuvés par notre grand-juge ministre de la justice.

Art. 185. Le recouvrement desdits frais sera fait suivant les règles et dans les formes prescrites par notre présent décret.

CHAPITRE II.

Des Cours prévôtales et Tribunaux des douanes.

Art. 186. Les dispositions du présent décret sont applicables aux procédures instruites devant nos cours prévôtales et nos tribunaux ordinaires des douanes, dans les cas prévus et dont la connaissance leur est attribuée par notre décret du 18 octobre 1810 (183).

ART. 187. Les dispositions des articles 98, 99 et 100 du présent décret, relatifs aux états de crédit pour la franchise et le contre-seing, sont applicables,

1°. Aux grands prévôts, procureurs généraux et greffiers en chef des cours prévôtales ;

2°. Aux présidens, procureurs du Roi et greffiers en chef des tribunaux ordinaires des douanes.

Les greffiers se conformeront, pour l'ouverture des lettres et paquets, aux disposi- de l'article 101 ci-dessus.

ART. 188. Il n'est point dérogé aux dispositions de l'article 10 de notre décret du 8 novembre 1810.

En conséquence, il sera pourvu au paiement des frais d'instruction, ainsi qu'il est dit dans ledit article, sur les exécutoires des grands prévôts et procureurs généraux près les cours prévôtales, des présidens et pro-

---

(183) Cet article et les deux suivans sont aujourd'hui sans objet. Les cours prévôtales et les tribunaux des douanes sont supprimés.

cureurs du Roi près des tribunaux des douanes, et sur le *visa* des préfets.

Notre grand-juge ministre de la justice fera
vérifier ces exécutoires, les réglera définitivement et les régularisera, tous les trois mois,
par ses ordonnances, pour le recouvrement en
être poursuivi aux formes de droit, et conformément aux dispositions des articles 174
et 175 ci-dessus, au profit de l'administration des douanes, qui aura fait l'avance des
frais de toute nature.

Dispositions générales.

Art. 189. Tous réglemens relatifs au tarif
et au mode de paiement et recouvrement
des frais de justice en matière criminelle,
notamment l'arrêté du Gouvernement du 6
messidor an 6 et notre décret du 24 février
1806, sont abrogés.

Art. 190. Notre grand-juge ministre de la
justice, nos ministres de l'intérieur, des finances et du trésor royal, sont chargés, chacun
en ce qui le concerne, de l'exécution du
présent décret, qui sera inséré au Bulletin
des lois.

RÉGLEMENT

Sur les Frais d'exécution des Arrêts criminels (184), dressé en conformité de l'article 113 du décret du 18 juin 1811.

Art. 1er. Les dépenses nécessaires pour l'exécution des arrêts criminels, sont :

1°. Les frais de premier établissement des instrumens servant aux exécutions ;

---

(184) Ce réglement ne contenant pas de disposition positive sur les *droits alloués aux greffiers pour assistance à ces exécutions*, on a déféré au ministre de la justice la question de savoir, si les droits du greffier font partie des frais d'exécution qui, d'après l'article 162 du décret du 18 juin 1811, sont déclarés *à la charge de l'État, et sans recours envers les condamnés.*

Son Exc. a répondu, le 22 avril 1813, au ministre des finances, qui l'avait consulté sur cette question :

« L'affirmative n'est pas douteuse ; et si ces assistances ne sont pas nommément comprises dans mon réglement du 3 octobre 1811, c'est qu'il m'a paru inutile d'en faire mention, attendu que les droits des greffiers avaient été réglés par le décret du 18 juin. »

Ainsi, les droits du greffier pour assistance à l'exécution des arrêts criminels ne sont pas à recouvrer sur les condamnés, et ils restent à la charge de l'État, qui paye ces droits.

(*Circulaire de M. le Directeur général de l'enregistrement, du 17 mai 1813.*)

2°. Les frais d'entretien, réparation, transport, placement et déplacement de ces instrumens ;

3°. Le transport des condamnés tant au lieu du supplice qu'au lieu de l'inhumation ;

4°. Les fournitures relatives aux exécutions ;

5°. Les frais de déplacement des exécuteurs et le transport des instrumens dans les lieux où les exécutions doivent se faire.

Art. 2. Les instrumens servant aux exécutions, consistent :

1°. En un grand échafaud pour les exécutions à mort, avec son réservoir doublé en plomb ;

2°. En un petit échafaud pour les expositions ;

3°. En une machine à décapiter, avec ses accessoires ;

4°. En poteaux pour les expositions ;

5°. En carcans avec leurs boulons, écroux, chaînes et cadenas ;

6°. En un billot.

Art. 3. Les fournitures relatives aux exécutions sont de deux espèces :

1°. Les fournitures qui servent à plusieurs exécutions ;

2°. Celles qui ne servent qu'à une seule exécution.

Art. 4. Les fournitures qui servent à plusieurs exécutions, sont :

1°. Les paniers d'osier, doublés en cuir ;

2°. Les sangles et courroies ;

3°. Les balais ;

4°. Les planches pour les écriteaux ;

5°. Les fers, réchauds, pelles, pincettes et soufflet ;

6°. Une hache ou couperet ;

7°. Les italiennes ou cordes.

Art. 5. Les fournitures qui ne servent qu'à une seule exécution, sont :

1°. Les cordes pour attacher au poteau les condamnés à l'exposition ;

2°. La chemise ;

3°. Le voile noir ;

4°. Le son, ou le sable, ou la sciure de bois et la paille ;

5°. Les écriteaux ;

6°. La graisse ou le savon ;

7°. Le charbon ;

8°. Pommade et poudre à tirer, pour mettre sur la marque des condamnés flétris ;

9°. Les clous ;

10°. Les empêtroirs ou entraves pour attacher les jambes ;

11°. Vestes, tabliers, pantalons pour les aides ;

12°. Eau pour laver les paniers et la place où se font les exécutions, dans les villes où l'eau se vend.

Art. 6. La confection des instrumens nécessaires pour l'exécution des arrêts criminels, sera ordonnée par les préfets, sur la réquisition des procureurs généraux ou procureurs du Roi.

Art. 7. Les préfets feront dresser un devis estimatif des instrumens dont la confection aura été requise ainsi qu'il est dit dans l'article précédent.

Art. 8. Cette confection sera adjugée, soit au rabais, soit par voie de soumission : le prix de l'adjudication ne pourra excéder le montant du devis.

Art. 9. S'il ne se présente aucun adjudicataire, les préfets pourront faire exécuter les travaux au prix du devis, soit de gré à gré, soit par voie de réquisition. Dans ce dernier cas, les préfets se concerteront avec les procureurs généraux et les procureurs du Roi, qui donneront les réquisitions nécessaires.

Art. 10. Les instrumens servant aux exécutions ne pourront être renouvelés, ni en totalité, ni partiellement, qu'après qu'il aura été constaté que les objets dont on proposera le renouvellement sont hors de service ; dans ce cas, il sera disposé de ces objets, ainsi qu'il est prescrit par l'article 40 du réglement du 18 juin 1811, à l'égard des objets séquestrés.

ART. 11. Les préfets feront des abonnemens annuels pour l'entretien, les réparations, le transport, le placement et le déplacement des instrumens nécessaires aux exécutions.

ART. 12. Dans le cas où ces abonnemens ne pourraient avoir lieu, les préfets nous proposeront un projet de tarif des dépenses qui sont susceptibles d'être tarifées, et les travaux seront exécutés conformément à ce tarif, soit de gré à gré, soit par voie de réquisition. Les travaux et les fournitures qui n'auront pas été tarifés, seront faits aux prix courans.

ART. 13. A Paris et dans les villes dont la population excède 40,000 habitans, les individus condamnés à l'exposition seront conduits en voiture au lieu de l'exposition; dans les autres villes, ces condamnés ne seront conduits en voiture qu'en cas de nécessité dûment constatée par les réquisitions du ministère public.

ART. 14. Dans toutes les villes, sans exception, les individus condamnés à la peine capitale pourront être conduits en voiture au lieu du supplice.

ART. 15. Le prix du transport, indiqué dans les deux articles précédens, sera mis en adjudication avec les dépenses mentionnées dans l'article 11. Si on ne trouve pas d'adjudicataire, le transport sera réglé comme il est dit à l'article 12.

ART. 16. Il sera fait, avec les exécuteurs, des abonnemens pour la fourniture des objets détaillés dans les articles 4 et 5 ci-dessus.

ART. 17. Les frais d'exécution, mentionnés dans le présent réglement, seront payés sur les mandats des préfets, soit au bas des extraits d'adjudication, marchés ou abonnemens, soit au bas des mémoires de frais (185). Les réquisitions, s'il en a été donné, seront toujours rapportées à l'appui des mémoires (186).

ART. 18. Les adjudications, marchés,

------

(185) Les directeurs ne doivent pas confondre dans le même état, ces frais, avec ceux acquittés ou régularisés en vertu *des exécutoires décernés par les juges.*

(*Décision de Mgr. le garde des sceaux, du 30 janvier 1818. Instruction de M. le Directeur général de l'enregistrement, du 16 février 1818.*)

(186) Les préposés de la direction générale de l'enregistrement ne doivent pas retenir ces réquisitoires qui sont indispensables à la chancellerie pour s'assurer de la légitimité de la dépense.

(*Lettre de Mgr. le garde des sceaux, du 3 décembre 1819. Art. 6588 du journal de l'enregistrement.*)

abonnnemens et tarifs seront soumis à notre approbation.

Art. 19. Le présent réglement recevra son exécution à compter du 1er. janvier 1812.

Approuvé par nous Grand-Juge Ministre de la justice, à Paris, le trois octobre mil huit cent onze.

Le Duc De MASSA.

Loi relative au remboursement des frais de justice en matière criminelle.

Du 18 germinal an 7 (7 avril 1799).

ART. 1er. Tout jugement d'un tribunal criminel, correctionnel ou de police, portant condamnation à une peine quelconque, prononcera (187) en même temps, au profit de

---

(187) Un accusé contumax, condamné d'abord à la peine de détention et au remboursement des frais de la procédure, qui s'étant ensuite constitué prisonnier, a obtenu un arrêt d'absolution, doit acquitter les frais de la première condamnation.

(*Lettre de Son Exc. le ministre des finances, du 6 octobre 1807. Instruction de M. le Directeur général de l'enregistrement, du 22 du même mois.*)

Mais ces frais de justice ne peuvent être exigés du contumax absous postérieurement, et condamné *seulement* à 10 jours de prison pour avoir douté de la justice (*Jugement du tribunal de Lure, du 5 juillet 1816*), attendu que l'on n'a point de titre contre le condamné, puisqu'on ne peut regarder comme tel, le jugement rendu par contumace qui se trouve anéanti, ni l'exécutoire de ces frais, qui a subi le même sort; l'omission de la condamnation aux frais pouvait seulement donner ouverture à la cassation du jugement, sur le pourvoi de la part du ministère public dans l'intérêt dn trésor.

(*Décision du ministre des finances, du 9 décembre 1816. Art. 5636 du journal de l'enregistrement.*)

— Un individu condamné correctionnellement à une

la république, le remboursement des frais auxquels la poursuite et punition des crimes et délits aura donné lieu.

ART. 2. Lorsqu'il y aura plusieurs accusés, auteurs ou complices du même fait, la condamnation au remboursement sera prononcée solidairement contre eux.

ART. 3. Les frais seront liquidés, et la liquidation rendue exécutoire (188) par le président du tribunal. Le recouvrement sera poursuivi (189) par les préposés à la régie de l'enregistrement et du domaine national.

---

amende et aux frais de la procédure, n'est point déchargé des frais, lorsqu'un jugement a commué la condamnation pécuniaire en un mois d'emprisonnement. (*Arrêt de la cour de cassation du 11 mars 1812. Art.* 4190 *du journal de l'enregistrement.*)

— La remise des peines n'entraîne l'abandon des frais de justice, qu'autant que cet abandon résulte *expressément* de l'ordonnance d'amnistie, des lettres de grâce ou de commutation de peine, parceque le paiement de ces frais n'est pas une peine proprement dite, mais seulement la rentrée des avances faites par l'État. (*Décisions des ministres de la justice et des finances, en date des* 12 décembre 1817 *et* 27 juillet 1821. *Art.* 5967 *et* 7032 *du journal de l'enregistrement.*)

(188) Voyez ci-dessus l'article 163 du décret du 18 juin 1811, et ci-après l'état modèle n°. 10.

(189) La mort naturelle d'un condamné aux fers ar-

Art. 4. Pour faciliter cette liquidation, les officiers de police judiciaire, les directeurs de jury ou présidens des tribunaux correctionnels, aussitôt qu'ils auront terminé leurs fonctions relativement à chaque affaire, joindront aux pièces l'état signé d'eux des frais et déboursés dont la liquidation pourra avoir lieu lorsqu'il y aura condamnation exécutoire.

Art. 5. Les indemnités accordées à ceux qui auront souffert un dommage résultant du délit (190), seront prises sur les biens

---

rivée avant qu'il ait été statué sur son pourvoi en cassation n'empêche pas de poursuivre le recouvrement des frais de la procédure contre ses héritiers.

(*Arrêt de la cour de cassation*, du 16 *janvier* 1811. *Solution de l'administration de l'enregistrement, du* 2 *septembre* 1814. *Art.* 3852 *et* 4925 *du journal de l'enregistrement.*)

(190) Cet article 5 paraît être rapporté par la loi du 5 septembre 1807.

Dans une lettre du 19 mars 1808 , au ministre des finances, transcrite dans l'instruction de M. le directeur général de l'enregistrement du 14 avril 1808 , le ministre de la justice s'est expliqué en ces termes :

« Quant à la question de savoir si le privilége de l'indemnité doit primer celui du trésor public , la loi du 5 septembre 1807, qui énonce en détail tous les priviléges et droits à exercer avant le privilége des frais de poursuites, n'y comprenant pas les indemnités des parties lésées , on doit en conclure qu'elle n'a pas voulu

des condamnés , avant les frais adjugés à la république.

Art. 6. La présente résolution sera imprimée.

---

leur accorder de préférence. Au fond , les parties ne peuvent pas s'en plaindre, puisque les frais de poursuites ont été faits pour constater le délit et en assurer l'indemnité ; d'ailleurs, ceux qui se rendent parties civiles, sont tenus, conformément à la loi du 5 pluviôse an 13 , d'acquitter eux-mêmes ou de rembourser les frais de poursuites , sauf leur recours contre les condamnés. Ils ne peuvent donc prétendre être colloqués pour les indemnités, *avant les frais adjugés au tresor public*, envers lequel ils sont au contraire, responsables des mêmes frais. » — Voyez un arrêt de la cour de cassation , du 6 juin 1809 , rendu sur le pourvoi de la régie de l'enregistrement, contre un jugement du tribunal civil de Bayeux, du 26 novembre 1807. *Affaire contre Descarreaux et Lecointre.*

(*Art.* 3291 *du journal de l'enregistrement.*)

Loi relative au Mode de recouvrement des frais de justice au profit du Trésor public, en matière criminelle, correctionnelle et de police. (191)

Du 5 septembre 1807.

Art. Ier. En conséquence de l'article 2098 du code civil le privilége du trésor public est réglé de la manière suivante, en ce qui concerne le remboursement des frais dont

---

(191) M. le Conseiller d'État Directeur général de l'enregistrement et des domaines, a donné sur cette loi, le 20 octobre 1807, l'instruction dont la teneur suit :

« La loi du 18 germinal an 7, a voulu que tout jugement portant condamnation à une peine quelconque, prononçât en même temps, au profit du trésor public, le remboursement des frais auxquels la poursuite et la punition des délits donneraient lieu.

Mais cette loi ne s'est point occupée de l'ordre de collocation, lorsque le trésor public se trouverait en concours avec d'autres créanciers du condamné.

Elle a seulement statué sur les indemnités accordées à ceux qui auraient souffert un dommage résultant d'un délit, en prononçant qu'elles seraient prises sur les biens des condamnés avant les frais adjugés à l'État.

Le Code civil s'est lui-même borné à une disposition générale, en ce qui concerne les droits du trésor public, par l'article 2098, portant : « Le privilége à raison des droits du trésor public, et l'ordre dans lequel ils s'exercent, sont réglés par les lois qui les concernent.

la condamnation est prononcée à son profit, en matière criminelle, correctionnelle et de police. (*Et en matière civile. Voyez le titre 2, chapitres 1 et 2 du décret du 18 juin 1811, ci-dessus.*)

« Le trésor public ne peut cependant obtenir le privilége au préjudice des droits antérieurement acquis à des tiers. »

Il fallait donc recourir aux anciennes lois et réglemens pour déterminer le rang dans lequel le trésor devait être colloqué pour le recouvrement des frais de justice.

Ces lois et réglemens sont les déclarations du Roi, des 21 et 24 mars 1671, 13 juillet 1700 et 16 août 1707, toutes relatives aux amendes de condamnation, qui, dans l'ancienne législation criminelle, tenaient lieu au trésor public des frais de poursuite.

D'aprés la dernière de ces déclarations, le trésor avait un privilége sur les meubles et effets mobiliers du condamné, à la réserve néanmoins de ce qui était dû pour loyer, gages des domestiques et subsistances.

A l'égard des immeubles, le trésor avait l'hypothèque du jour du jugement de condamnation.

Ces anciens principes ont été reconnus insuffisans pour assurer l'exécution de la loi du 18 germinal an 7; car il est arrivé que des prévenus, prévoyant leur condamnation, pour soustraire leurs biens anx poursuites du trésor public, se sont créé des créanciers ou ont disposé de leurs biens avant leur jugement, et qu'à l'égard de ceux qui n'ont point employé ce moyen, les tribunaux ont refusé de reconnaître le privilége du trésor public, par la raison que les anciens réglemens, ne parlant que des amendes, n'étaient point applicables aux frais de justice.

Art. 2. Le privilége du trésor public sur les meubles et effets mobiliers des condamnés ne s'exercera qu'après les autres priviléges et droits ci-après mentionnés ; savoir :

1°. Les priviléges désignés aux articles 2101 et 2102 du Code civil ;

2°. Les sommes dues pour la défense personnelle du condamné, lesquelles, en cas

---

Il était nécessaire de mettre un terme aux pertes considérables qu'éprouvait chaque jour l'État par l'absence de toutes règles, qui fixassent la législation sur ce point important.

Tel a été le but de la loi du 5 septembre 1807, insérée au 158°. bulletin, sous le n°. 2743, et qui est ci-dessus transcrite.

Cette loi détermine les droits du trésor public d'une manière si précise, qu'il paraît impossible que les préposés éprouvent des difficultés sérieuses dans l'application des principes qu'elle établit, sur-tout s'ils font une étude réfléchie des articles du Code civil qui y sont cités.

D'après l'article 2, *les meubles et effets mobiliers* des condamnés sont affectés par privilége au remboursement des frais de justice ; mais ce privilége se trouve primé par les frais de justice ordinaire, tels que ceux d'apposition et levée de scellés, d'inventaires et ventes, et autres qui ont pour objet la conservation et la liquidation de la chose, (*Les contributions directes*, loi du 12 novembre 1808 ; *les droits de timbre et amendes de contravention y relatives ;* loi du 28 avril 1816, Art. 76.), les frais funéraires, ceux de la dernière maladie, les salaires des gens de service, les fournitures de subsistances, les frais de pension des enfans, les loyers et fermages

de contestation de la part de l'administration des domaines, seront réglées d'après la nature de l'affaire par le tribunal qui aura prononcé la condamnation.

ART. 3. Le privilége du trésor public sur les biens immeubles des condamnés, n'aura lieu qu'à la charge de l'inscription dans les deux

---

les sommes dues pour la défense personnelle de l'accusé, enfin l'indemnité allouée à la partie qui a souffert du dommage résultant du délit, et qui, d'après l'article 5 du décret du 18 germinal an 7, doit être prélevée avant les frais adjugés à l'État. (*Cette indemnité ne peut primer le privilége du trésor. Voyez ci-dessus la note* 190, *page* 172.)

Il faut toutefois remarquer que ceux qui ont souffert un dommage résultant du délit, ne peuvent, *lorsqu'ils se sont constitués partie civile*, prétendre être colloqués pour leur indemnité avant les frais adjugés au trésor public, envers lequel, au contraire, s'ils n'ont pas fait l'avance de ces mêmes frais, ils en sont responsables, aux termes de l'article 4 de la loi du 5 pluviôse an 13, qui porte qu'en matière de *police correctionnelle*, ceux qui se constitueront partie civile, seront personnellement chargés des frais de poursuite, instruction, expédition et signification des jugemens; et qu'en toute affaire *criminelle*, ceux qui se seraient constitués partie civile, seront personnellement, et sauf leur recours contre les condamnés, tenus du remboursement des frais d'instruction, expédition et signification des jugemens dont la partie publique aura fait les avances.

Si le mobilier ne suffit pas pour assurer le recouvrement des frais de justice au profit du trésor, l'article 3 de la loi lui accorde un privilége sur les *immeubles*, à la

mois à dater du jour du jugement de condamnation ; passé lequel délai, les droits du trésor public ne pourront s'exercer qu'en conformité de l'article 2113 du Code civil.

Art. 4. Le privilége mentionné dans l'article 3 ci-dessus, ne s'exercera qu'après les autres priviléges et droits suivans :

1°. Les priviléges désignés en l'article 2101 du Code civil, dans le cas prévu par l'article 2105 ;

2°. Les priviléges désignés en l'article 2103 du Code civil, pourvu que les conditions prescrites pour leur conservation aient été accomplies ;

3°. Les hypothèques légales existantes in-

---

charge de l'inscription dans les deux mois de la date du jugement. Mais cette disposition est nouvelle. Ce second privilége est primé, 1°. par les priviléges ci-dessus détaillés sur les meubles ;

2°. Par les priviléges sur les immeubles, qui sont ceux des vendeurs, des bailleurs de fonds, des co-héritiers, etc. n°. 1, 2, 3, 4 et 5 de l'article 2103 du Code civil, si les conditions prescrites (*section 4, chap. 2 de la loi du 28 ventôse an 12, même Code*), pour leur conservation, ont été remplies ;

3°. Par les hypothèques légales indiquées par l'article 2121 du Code, et qui sont les droits des femmes mariées sur les biens de leurs maris ;

Ceux des mineurs et interdits sur les biens de leurs tuteurs ;

} Droits pour lesquels l'hypothèque existe indépendamment de l'inscription.

dépendamment de l'inscription, pourvu toutefois qu'elles soient antérieures au mandat d'arrêt, dans le cas où il en aurait été décerné contre le condamné ; et, dans les autres cas, au jugement de condamnation ;

4°. Les autres hypothèques, pourvu que les créances aient été inscrites au bureau des

---

Ceux de l'État, des communes et des établissemens publics, sur les biens des receveurs et administrateurs comptables, qui ne sont conservés que par l'inscription ;

4°. Enfin, par les hypothèques ayant pour objet des créances *inscrites avant le privilége du trésor public*, et résultant d'actes d'une *date certaine et antérieure au mandat d'arrêt ou au jugement de condamnation.*

Cette restriction a eu pour objet d'empêcher les prévenus de contracter, pendant leur détention, des obligations simulées, à l'aide desquelles ils ne parvenaient que trop souvent à soustraire leurs biens à l'action du trésor public.

Les receveurs ne perdront pas de vue que le privilége du trésor sur les immeubles des condamnés, n'a lieu qu'à la charge de l'inscription dans les deux mois du jugement de condamnation ; qu'à défaut de cette inscription dans ce délai, les droits du trésor ne seraient plus qu'une simple hypothèque qui ne prendrait date que du jour de l'inscription ; et que si, par suite de leur négligence à requérir cette inscription en temps utile, le recouvrement des frais de justice se trouvait compromis, ils s'exposeraient à être rendus personnellement responsables des sommes que ce défaut de formalité ferait perdre à l'État. Si le cas arrivait, les di-

hypothèques avant le privilége du trésor public, et qu'elles résultent d'actes qui aient une

---

recteurs en rendront compte à l'administration, qui prononcera sur la responsabilité.

La loi ne s'explique pas sur les actes frauduleux qui pourraient avoir été consentis par le condamné avant le mandat d'arrêt ou le jugement de condamnation, ni sur les actes de vente que le prévenu aurait faits depuis le mandat d'arrêt et pendant sa détention.

L'orateur du Gouvernement, dans l'exposé des motifs du projet de loi présenté au corps législatif, a fait connaître qu'à l'égard des actes frauduleux consentis avant le mandat d'arrêt, toute disposition spéciale serait superflue, *les choses devant, en ce point, rester dans les termes du droit commun.*

D'après cela, si parmi les hypothèques désignées par le nombre 4 de l'article 4 de la loi, il s'en trouvait qui présentassent quelques caractères de fraude, il y aurait lieu de les dénoncer au procureur du Roi près le tribunal qui aura prononcé la condamnation, encore bien que les actes aient été inscrits au bureau des hypothèques avant le privilége du trésor public, et qu'ils soient d'une date certaine antérieure au mandat d'arrêt ou jugement de condamnation.

Le Directeur général se réfère, au surplus, à la circulaire, n°. 1556, aux instructions n°ˢ. 69 et 89, ainsi qu'à sa lettre à MM. les administrateurs, sous la date du 28 ventôse an 11, sur les moyens de prévenir la dilapidation ou le dépérissement du mobilier des prévenus et des condamnés en matière criminelle et correctionnelle.

date certaine antérieure auxdits mandat d'arrêt ou jugement de condamnation ;

5°. Les sommes dues pour la défense personnelle du condamné, sauf le réglement, ainsi qu'il est dit en l'article 2 ci-dessus.

ART. 5. Toutes dispositions contraires à la présente loi sont abrogées.

Décret qui modifie quelques dispositions de celui du 18 juin 1811, contenant réglement sur les frais de justice criminelle, correctionnelle et de simple police.

Du 7 avril 1813.

ART. 1er. Il ne sera plus accordé de double taxe aux témoins dans le cas prévu par l'article 29 du réglement du 18 juin 1811.

ART. 2. Les témoins qui ne seront pas domiciliés à plus d'un myriamètre du lieu où ils seront entendus, n'auront droit à aucune indemnité de voyage ; il ne pourra leur être alloué que la taxe fixée par les articles 27 et 28 du réglement.

Ceux domiciliés à plus d'un myriamètre, recevront pour indemnité de voyage, s'ils ne sortent point de leur arrondissement, *un franc* par myriamètre parcouru en allant, et autant pour le retour.

S'ils sont appelés hors de leur arrondissement, cette indemnité sera *d'un franc cinquante centimes.*

Dans les deux derniers cas, la taxe fixée par les articles 27 et 28 sus énoncés ne sera point allouée, sans néanmoins rien innover à l'article 30 dudit réglement, relatif aux frais de séjour.

ART. 3. Il n'est dù aucun frais de voyage aux gardes champètres ou forestiers, tant pour la remise qu'ils sont tenus de faire de leurs procès-verbaux, conformément aux articles 18 et 20 du Code d'instruction criminelle, que pour la conduite des personnes par eux arrêtées, devant l'autorité compétente.

Mais lorsque ces gardes seront appelés en justice, soit pour être entendus comme témoins, lorsqu'ils n'auront point dressé de procès-verbaux, soit pour donner des explications sur les faits contenus dans les procès-verbaux qu'ils auront dressés, ils auront droit aux mêmes taxes que les témoins ordinaires.

Il en sera de même des gendarmes.

ART. 4. L'augmentation de taxe accordée par l'article 94, pour frais de voyage pendant les mois de novembre, décembre, janvier et février, est également supprimée, tant pour les témoins, que pour les autres parties prenantes désignées dans l'article 91.

ART. 5. Lorsqu'un mandat d'amener sera suivi d'un mandat de dépôt, et que l'un et l'autre auront été exécutés dans les vingtheures par le même huissier, il ne sera alloué à l'huissier, pour l'exécution de ces deux mandats, que le droit fixé par l'article 73 du réglement, quand bien même les deux mandats n'auraient pas été décernés dans les mêmes vingt-quatre heures, ni par le même magistrat.

ART. 6. Le droit à allouer aux huissiers, gendarmes (184), gardes champêtres ou forestiers, ou agens de police, suivant le mode et dans les cas prévus par les articles 71, n°. 5 et 77 (185) du réglement, demeure fixé de la manière suivante, savoir :

1°. Pour capture ou saisie de la personne, en exécution d'un jugement de *simple police*, sans qu'il puisse être alloué aucun droit de perquisition,

A Paris, *cinq francs ;*

Dans les villes de quarante mille ames et au-dessus, *quatre francs ;*

Dans les autres villes et communes, *trois francs.*

2°. Pour capture en exécution d'un mandat d'arrêt, ou d'un jugement ou arrêt en *matière correctionnelle* (185), emportant peine d'emprisonnement,

---

(184) (Voyez la note (73) ci-dessus page 65.)
(185) (Voyez la note (65) ci-dessus page 55.)

A Paris, *dix-huit francs ;*

Dans les villes de quarante mille ames et au-dessus, *quinze francs ;*

Dans les autres villes et communes, *douze francs.*

3°. Pour capture en exécution d'une ordonnance de prise de corps ou arrêt portant la peine de réclusion,

A Paris, *vingt-un francs ;*

Dans les villes de quarante mille ames et au-dessus, *dix-huit francs ;*

Dans les autres villes et communes, *quinze francs.*

4°. Pour capture en exécution d'un arrêt de condamnation aux travaux forcés ou à une peine plus forte,

A Paris, *trente francs ;*

Dans les villes de quarante mille ames et au-dessus, *vingt-cinq francs ;*

Dans les autres villes et communes, *vingt francs.*

Art. 7. Conformément à l'article 5o du réglement, les extraits de jugemens ou d'arrêts en matière criminelle ou correctionnelle, continueront d'être payés aux greffiers, à raison de *soixante centimes ;* et, en matière de délits forestiers (186), à raison de *ringt-cinq centimes* seulement.

A l'avenir, il ne sera payé que *ringt-cinq centimes* pour les extraits de jugemens en matière de simple police, et générale ment pour tous les extraits délivrés aux receveurs ou préposés des régies (187), pour

---

(186) Les droits dus aux greffiers pour les extraits et expéditions remis aux préposés de l'enregistrement et des domaines pour poursuivre le recouvrement des amendes et des frais de procédure en matière forestière, doivent être portés sur un mémoire distinct et séparé, et acquittés par les receveurs des domaines, d'après l'ordonnance du président du tribunal, mise au pied de ce mémoire. Ces frais sont portés en dépense sous la dénomination *d'avances pour frais de régie de l'administration des forêts.*

(*Instructions de M. le Directeur général de l'enregistrement, en date des 8 thermidor an* 11, 24 *décembre* 1811, 10 *décembre* 1819. *Article* 7091 *du journal de l'enregistrement.*)

(187) Le 26 août 1820, le ministre des finances a décidé,

1°. Que l'indemnité de 25 centimes dont il s'agit, n'est due qu'à raison des jugemens devenus *définitifs faute d'appel;*

2°. Que lorsque les jugemens contiennent la liquidation des dépens, les greffiers, au moyen de l'indemnité ci-dessus énoncée, sont tenus d'indiquer séparément, sur les extraits qu'ils délivrent aux préposés, le montant *principal* des droits de timbre et des droits d'enregistrement en *débet* compris dans les dépens, sans pouvoir

le recouvrement des condamnations pécuniaires (188), sans préjudice de la disposition de l'article 62 du réglement, en ce qui
concerne les expéditions ou extraits qui auraient été délivrés au ministère public.

Art. 8. Notredit réglement du 18 juin
1811 , continuera d'être exécuté dans toutes
les dispositions auxquelles il n'est pas dérogé
par le présent décret.

à raison de cette énonciation , prétendre à aucune
augmentation de salaire.

(*Instruction de M. le Directeur général de l'enregistrement*, *du* 14 *septembre* 1820.)

(188) D'après l'article 2 d'une ordonnance du Roi en
date du 3 novembre 1819 , cette dépense n'est plus acquittée sur les fonds généraux des frais de justice ; elle
est mise à la charge de l'administration de l'enregistrement.

Voyez plus haut la note (170) sur l'article 164 du
décret du 18 juin 1811.

— Lorsque ces condamnations concernent les bois des
communes, hospices et autres établissemens publics, les
greffiers doivent porter le coût de ces extraits sur un
mémoire distinct et séparé pour chacun de ces établissemens , afin que les préposés de l'enregistrement
et des domaines puissent tenir un compte ouvert avec
chacun d'eux, et s'en faire rembourser le montant.

(*Instruction de M. le Directeur général de l'enregistrement, du* 24 *octobre* 1821.)

Il n'y a de frais , que ceux du papier timbré pour

Ordonnance du Roi concernant la comptabilité des frais de justice à recouvrer sur les condamnés.

Au château des Tuileries, le 3 novembre 1819.

LOUIS par la grâce de Dieu, roi de France et de Navarre ;

Sur le rapport de notre ministre secrétaire d'état des finances,

Nous avons ordonné et ordonnons ce qui suit :

ART. 1er. L'administration de l'enregistrement continuera de poursuivre sur les condamnés le recouvrement des frais de justice qui ne doivent pas rester à la charge de l'État; mais le montant de ce recouvrement sera porté annuellement dans le budget général des recettes de l'État, et l'administration en comptera comme de ses autres produits.

En conséquence, la disposition de l'article 178 du décret du 18 juin 1811, qui autorise la

___

les extraits fournis à l'administration de la loterie et à ses préposés, de jugemens de condamnation rendus contre ceux qui auront tenu des loteries clandestines. *Loi du 25 septembre 1813.*

compensation du montant des recouvremens effectués sur les condamnés avec les avances faites par l'administration de l'enregistrement pour frais généraux de justice, est abrogée, à compter du 1er. janvier 1820. (189)

Art. 2. Les frais résultant de la levée des extraits d'arrêts et de jugemens, ainsi que le montant des états de liquidation et autres actes semblables, dont l'administration de l'enregis-

---

(189) **En conséquence**, à compter de cette époque, on ne doit comprendre dans les mémoires de frais payables sur les fonds du ministère de la justice, aucune dépense résultant d'actes et de diligences ayant pour objet le recouvrement des frais dus par les condamnés.

Ces actes et diligences, ainsi que Mgr. le garde des sceaux l'a observé le 7 décembre 1819, dans une circulaire à MM. les procureurs généraux près les cours royales, consistent notamment dans les extraits d'ordonnances, d'arrêts ou de jugemens, et les copies d'états de liquidation de frais et dépens, délivrés aux receveurs, ainsi que dans les citations, notifications et captures faites pour parvenir au recouvrement.

Mais, comme il est des actes et diligences dont le coût, dans tous les cas, doit être payé sur les fonds du ministère de la justice, et qu'il pourrait se commettre des doubles emplois, Mgr. le garde des sceaux a recommandé aux magistrats de veiller à ce que les parties prenantes indiquent avec le plus grand soin, dans leurs mémoires, la destination et le but de ces actes et diligences.

De leur côté, les receveurs de l'enregistrement ne

trement aura besoin pour poursuivre sur les condamnés le recouvrement des amendes et des frais de procédure, cesseront à la même époque d'être acquittés sur les fonds généraux des frais de justice, et feront partie des dépenses de ladite administration.

ART. 3. Nos ministres secrétaires d'état des finances et de la justice régleront, de concert, toutes les mesures d'exécution résultant des dispositions ci-dessus.

---

devront acquitter , comme *frais de poursuites à la charge de l'administration*, que ceux des frais de justice ayant pour objet *le recouvrement* des condamnations prononcées.

(*Instruction de M. le Directeur général de l'enregistrement, du* 10 *décembre* 1819.)

MODÈLES

ARRÊTÉS

PAR SON EXCELLENCE LE MINISTRE

DE LA JUSTICE

POUR L'EXÉCUTION

DU RÉGLEMENT DU 18 JUIN 1811

SUR

LES FRAIS DE JUSTICE.

FRAIS DE JUSTICE   (Modèle nº. 1ᵉʳ.)

C R I M I N E L L E.

Mois d
    de l'an

       Greffier.

MÉMOIRE

Des droits et indemnités dus

à

Greffier

département d

pendant les mois d

de l'an

Nᵒˢ. d'ordre.	DATE de la remise des pièces, et des opérations qui donnent lieu aux droits.	ESPÈCE * des crimes, délits et contraventions	DÉNOMINATION des actes et opérations.	LIBELLÉ.
1	2	3	4	5

* Il ne suffit pas de désigner les affaires sous les expressions génériques de police, de police correctionnelle, de contravention aux lois, de délit rural ou dans les bois, d'escroquerie et autres semblables. Il faut, par exemple, énoncer si l'escroquerie concerne la conscription, si le délit rural a été commis sur des propriétés particulières, ou sur des propriétés appartenant à des établissemens publics, etc.

Cette observation est commune à tous les modèles.

Nota. Il résulte de l'article 120 du réglement du 18 juin 1811, que les expéditions relatives à l'interdiction, et de l'article 158, que celles qui concernent les communes, administrations et établissemens publics, ne peuvent être faites à la charge des fonds généraux des frais de justice. Le ministère public doit veiller avec le plus grand soin à ce que les dispositions de ces articles soient exécutées.

Les greffiers ne comprendront pas dans leurs mémoires, l'expédition de l'acte d'écrou que l'article 46 du réglement

RÔLES.	Extraits.	ARTICLES		ASSISTANCE aux	
		du registre des condamnés et des mises en surveillance.	des états de liquidation des frais.	exécutions à mort.	expositions et exécutions par effigie.
6	7	8	9	10	11

alloue aux concierges ; ceux-ci s'en feront payer sur mémoire rédigé conformément à ce modèle.

Les copies ne peuvent être payées que lorsqu'elles ont été délivrées. Les greffiers ne doivent donc pas porter, à chaque affaire,
des articles du registre.

Plusieurs greffiers adressent aux préfets une copie du registre des mises en surveillance, c'est un abus ; le ministère public doit lui-même, d'après la circulaire du 31 août 1811, en
donner avis.

D'après l'article 63 du réglement, il n'est rien dû aux greffiers
pour dresser, en exécution de l'article 133 du Code d'instruction criminelle, l'état des pièces servant à conviction,

L'extrait de l'arrêt ou du jugement de mise en liberté, qui doit
servir de passe-port au prévenu, ne doit être délivré qu'à des
vagabonds.

Récapitulation.	Nombre.	Prix.	Montant.	Articles du réglement.	Taxe du juge.	Réglement du préfet.	Observations.
Rôles d'expéditions ou de copies. . . .							*
Extraits							
Articles du registre des condamnés et des mises en surveillance							
Articles des états de liquid^{on}. des frais.							
Assistance aux exécutions à mort . .							
Assistance aux expositions et aux exécutions par effigie							
Totaux. . . .	. .	. . . .					

Je soussigné, greffier, déclare avoir délivré, à la requête du ministère public, les expéditions, copies et extraits portés au présent mémoire, et le certifie véritable pour la somme de

A   *le*   18

---

* Les juges et le préfet ne doivent jamais omettre de remplir, par leurs taxe et réglement, les deux dernières colonnes, même lorsqu'il n'y a aucune réduction à faire.

Ils ne doivent pas non plus oublier d'indiquer *ici* les articles du mémoire, sur lesquels portent les réductions et les motifs des réductions.

FRAIS DE JUSTICE

CRIMINELLE.

(Modèl n.º 2.)

Mois d
   de l'an

Huissier.

MÉMOIRE

Des actes et diligences

faits par

Huissier à

département d

pendant le mois d

de l'an

Nos. d'or-dre.	DATES des diligen-ces.	ESPÈCE des crimes, délits ou contra-ventions.	DÉNOMI-NATION des actes.	Libel-lé.	Citations, notifica-tions ou significa-tions.		Mandats	
					ori-gi-naux	co-pies	d'a-me-ner.	de dé-pôt.
1	2	3	4	5	6	7	8	9

Nota. L'huissier doit toujours désigner la qualité sous laquelle une personne est citée; si c'est, par exemple, comme prévenu, témoin, plaignant, partie civile, dénonciateur, expert, officier de santé, interprète, traducteur, juré, etc.

Il doit aussi indiquer la commune à laquelle appartient le lieu où il s'est transporté, et le canton dont la commune dépend.

Il faut désigner pour quelle cause l'interdiction est poursuivie, et, dans le cas de démence ou d'imbécillité, si l'invidu à inter-dire n'a ni époux ni épouse, ni parens connus.

Mandats d'amener, suivis de mandat de dépôt dans les mêmes 24 heures	Capture en exécution de mandats d'arrêt d'ordonnances de prise de corps, d'arrêts et de jugemens de condamnation.	Extraction.	Procès verbaux de perquisition.	Publication et affiche des ordonnances contre les contumax	Lecture des arrêts de condamnation à mort.	Rôles de copie.	Assistance aux inscriptions et radiations d'écroux.	Myriamètres parcourus y compris le retour	Jours de séjour forcé.
10	11	12	13	14	15	16	17	18	19

L'huissier doit toujours indiquer le titre en vertu duquel l'inscription et la radiation sont faites.

Il doit aussi indiquer le but ou l'objet de l'extraction du prisonnier.

RÉCAPITULATION.	Nombre.	Prix.	Montant.	Articles du réglement.	Taxe du juge.	Réglement du préfet.	Observations
							*
Originaux de citations.							
Copies de citations, etc.							
Mandats d'amener . .							
Mandats de dépôt . .							
Mandat d'amener suivi du mandat d dépôt.							
Capture en exécution de mandat d'arrêt . .							
Extraction. etc							
Procès-verbaux de perquisition							
Publication, affiche . .							
Lecture des arrêts de condamnation à mort.							
Rôles de copie. . . .							
Assistance aux inscriptions. etc							
Myriamètres parcourus.							
Jours de séjour forcé.							
TOTAUX . . .	. . . . . .						

Je soussigné, huissier, déclare avoir fait à la réquête du ministère public, toutes les diligences comprises au présent mémoire, et le certifie véritable pour la somme de

A   le   18

---

* Retranché un original à l'article 2. — Un seul suffit. — Les juges et le préfet ne doivent jamais omettre de remplir, par leurs taxe et réglement, les deux dernières colonnes, même lorsqu'il n'y a aucune réduction à faire. — Ils ne doivent pas non plus oublier d'indiquer *ici* les articles du mémoire sur lesquels portent les réductions et les motifs de ces réductions.

Quelques juges et préfets ont cru pouvoir compenser des articles trop élevés avec les articles qui leur ont paru n'avoir pas été portés à leur prix; ils n'ont en conséquence fait aucune réduction. Cette marche a été surtout suivie relativement aux myriamètres parcourus, et c'est une erreur dans laquelle ils doivent éviter de retomber.

FRAIS DE JUSTICE
CRIMINELLE.

Mois d
an
N. . . . . ., Directeur
des postes.

(Modèle n°. 3.)

ETAT des Lettres et Paquets reçus, affranchis et chargés par N... pendant le mois d   de l'an   , dont le port est dû à N..., directeur des postes aux lettres au bureau d

DATE de la RÉCEPTION.	POIDS DES PAQUETS et DES LETTRES taxés au poids.	TAXE.	OBSERVATIONS.
			Indiquer ici si les lettres ont été affranchies ou chargées.
	TOTAL . . .		

Certificat du Directeur des postes et des fonctionnaires désignés dans les numéros 2, 4, 5, 6, 7 et 8 de l'article 98 du réglement du 18 juin 1811.

CERTIFIÉ véritable le présent état, montant à la somme de

A   le   18

Certificat des fonctionnaires désignés dans les numéros 1 et 3 dudit article 98.

Nous président de la cour   d
certifions véritable le présent état, montant à la somme de
          et ordonnons qu'en exécution de l'article 102 du réglement du 18 juin 1811, ladite somme sera payée à N... directeur des postes aux lettres au bureau d   par N.... receveur d   à

A   le

(Modèle N°. 4.)

TAXES

A PAYER SUR SIMPLE MANDAT.

***

r.ᵉʳᵉ—TRANSPORT
DE GREFFES.

Vu le marché ci-dessus, fait en exécution de l'article 151 du réglement du 18 juin 1811, et approuvé par Son Excellence le Grand-juge ministre de la justice, le. . . . . .

Vu le certificat délivré par N. . . . . . , greffier de . . . . . , et constatant que les registres et autres pièces lui sont parvenus en bon état,

Nous préfet du département d . . . . .

Mandons * et ordonnons au receveur de l'enregistrement d. . . . de payer à N. . . la somme de. . ., portée dans le susdit marché ; et a déclaré ledit N . . . . . . savoir (*ou ne savoir, ou ne pouvoir*) signer.

A . . . . . . , le . . . . . .

2.ᵉ—TRANSPORT
DE PIÈCES ARGUÉES DE FAUX.

Taxé à N . . . . . (*sa qualité*), dépositaire de

***

* Le mandat doit être délivré au pied du marché.

la pièce arguée de faux, désignée dans l'ordonnance ci-dessus ; en vertu des articles 15 et 15 (*ou 14 et 15*) du réglement du 18 juin 1811, la somme de . . . . . . , pour (*nombre*) vacations, et pour (*nombre*) myriamètres parcourus.

A . . . ., le . . . . . .

3ᵉ.—FRAIS

D'EXHUMATION DE CADAVRE.

Taxé à N . . . . ., (*sa profession*), en vertu de l'article 20 du réglement du 18 juin 1811, la somme de . . . . . , conformément au tarif du . . . (*ou conformément à l'usage de la commune de . . .*), pour . . . . ; et a ledit N . . . . . déclaré savoir (*ou ne savoir, ou ne pouvoir*) signer.

A . . . ., le . . . .

4.ᵉ—TRANSPORT

DES PRÉVENUS,

(Ou des accusés, ou des pièces de conviction) *par tout autre voie que celle des convois militaires, des messageries et des voitures publiques.*

Taxé * à N . . . . ., en vertu de l'article 6 (*ou de l'article 9*) du réglement du 18 juin 1811, la somme de . . . ., pour avoir transporté le prévenu

---

* Joindre, à l'appui de ces taxes, les réquisitions et certificats d'officiers de santé, soit en original, soit par copie dûment certifiée.

(*ou l'accusé, ou les objets*) désigné (*ou désignés*) dans la réquisition ci-dessus ; et a ledit
N . . . . . déclaré savoir (*ou ne savoir, ou ne
pouvoir*) signer.

A . . . . , le . . . .
,

5.ᵉ—JURÉS.

Taxé à N . . . . . , Juré domicilié à . . . . . ;
canton d . . . . , arrondissement d . . . . . ,
pour (*nombre*) myriamètres parcourus et pour
(*nombre*) jours de séjour forcé, constatés par le
certificat ci-joint, par nous visé, sur sa réquisition, la somme de . . . . . en exécution des
articles 35, 9I, *n°*. 1ᵉʳ. (*ou* 9I *n°*. 1ᵉʳ. 94, *si c'est
en hiver* *), et 95 du réglement du 18 juin 1811.

A. . . . . , le . . . . . .

Nota. Établir en marge de la taxe, le décompte ci-
dessous.

DÉCOMPTE.

MONTANT.

(*Nombre*) myriamètres, à . . . . « . l'un . « «
(*Nombre*) jours de séjour forcé, à . « . l'un . « «

Total de la taxe. . . . . « «

---

* L'augmentation de taxe accordée par cet article 94 a
été supprimée par l'article 4 du décret du 7 avril 1813.

6.ᵉ—TÉMOIN VALIDE ,

dans le lieu de sa résidence.

Primò. HOMME.

Taxé à N . . . . . (*désigner la profession ou la qualité, et déclarer que le témoin ne reçoit aucun traitement à raison d'un service public* *), sur sa réquisition, la somme de . . . . . pour (*nombre*) jours, en vertu de l'article 27 du réglement du 18 juin 1811 ; ledit témoin a déclaré savoir (*ou ne savoir, ou ne pouvoir*) signer.

A . . . . , le . . . .

Secundò. FEMME et ENFANT *au-dessous de quinze ans.*

Taxé à N . . . . . , sur sa réquisition, la somme de . . . . . , pour (*comme à la précédente taxe*) en vertu de l'article 28 (*le reste comme à la précédente taxe*).

7.ᵉ— TÉMOIN VALIDE

qui s'est transporté à plus de deux kilomètres ** *du lieu de sa résidence.*

Primò. FEMME et ENFANT *au-dessous de quinze ans.*

Taxé à N . . . . . , domicilié à . . . . . . , canton d. . . . , arrondissement d. . . . , département d. . . . . , sur sa réquisition, pour (*nombre*) myriamètres parcourus, pour (*nombre*) jours de séjour , et pour (*nombre*) jours de séjour forcé, constatés par le certificat ci-joint, par nous visé , la somme

---

* Voyez la note *** ci-après, page 205.

** *Maintenant* d'un myriamètre du lieu de sa résidence. (*Art.* 2 du décret du 7 avril 1813.)

de. . . . . . en vertu des articles 91 , n°. 2 * (*ou* 91 *n*°. 2, 94, *si c'est en hiver* **) 96 n°. 2 et 95 du réglement du 18 juin 1811 ; ledit témoin a déclaré etc.

A . . . . . . , le . . . . . .

Nota. Établir le décompte comme il est indiqué pour la 5ᵉ. taxe.

Secondᵒ. Homme.

(*Même modèle*, sauf qu'il faut désigner la profession (*ou la qualité*) , et déclarer que le témoin ne reçoit aucun traitement à raison d'un service public ***.)

8.ᵒ—TÉMOIN EN ÉTAT DE MALADIE
(*ou d'infirmité.*)

Taxé à N . . . . (*si c'est un homme ; désigner sa profession , qualité , etc.*), domicilié à . . . . . , canton d . . . . , arrondissement d . . . . , département d . . . . . , sur sa réquisition , etc, (*le reste comme aux modèles pour les témoins valides; il faut citer, de plus l'article* 29 **** *du réglement.*)

---

* *Maintenant* de l'article 2 du décret du 7 avril 1813.

** L'augmentation de taxe accordée par cet article 94 a été supprimée par l'article 4 du décret du 7 avril 1813.

*** *Article* 32 *du décret du* 18 *juin* 1811 ,) ou qu'étant garde-champêtre ou forestier, ou gendarme, appelé pour être entendu comme témoin , ou pour donner des explications, il a droit aux mêmes taxes que les témoins ordinaires. (*Article* 3 *du décret du* 7 *avril* 1813.)

**** La double taxe allouée par cet article a été supprimée par l'article 1ᵉʳ. du décret du 7 avril 1813.

9°.—ENFANT MALE

au-dessous de quinze ans,

ET FILLE

*au-dessous de vingt-un ans, lorsqu'ils se transportent à plus de deux kilomètres * de leur résidence, et qu'ils ont été accompagnés.*

Taxé à N . . . . ., témoin domicilié à . . . . . ., canton d . . . . ., arrondissement d . . . . . ., département d . . . . . . ; et à N. . . . . . ., (*désigner la qualité de père, mère, tuteur ou curateur*) du témoin, et qui l'a accompagné, sur leur réquisition, pour etc. (*le reste comme à la* 7°. *taxe ; il faut citer, de plus, l'article* 97 *du réglement.*)

10.°--MILITAIRE EN ACTIVITÉ DE SERVICE.

Primò. OFFICIERS, SOUS-OFFICIERS et SOLDATS des régimens de toute arme. **

Taxé à N . . . . . ., soldat, (*ou son grade*) au (*numéro du régiment*) d . . . . . . (*désigner l'arme, c'est-à-dire si c'est l'infanterie, la cavalerie, etc.*), en garnison (*ou en cantonnement*) à . . . . . . pour (*nombre*) jours de séjour forcé hors de sa garnison (*ou de son cantonnement*), et sur sa réquisition, la somme d . . . ., en vertu des articles 51 et 96, n°. 2, du réglement du 18 juin 1811 : ledit témoin a déclaré etc.

A . . . ., le . . . .

---

* *Maintenant d'un myriamètre du lieu de leur résidence.* (*Art.* 2 *du décret du* 7 *avril* 1813.)

** Voyez la note (36), page 29.

Secundò. OFFICIERS, SOUS-OFFICIERS de Gendarmerie, et
Gendarmes.

Taxé à N . . . . . ., Gendarme (*ou Brigadier,
ou Maréchal-des-logis, ou Officier de Gendarmerie*) à la résidence de . . . . . ., sur sa réquisition, pour (*nombre*) jours de séjour hors de sa
résidence, la somme de . . . . . . etc. (*le reste
comme ci-dessus*).

11°. — TÉMOIN

qui reçoit un traitement à raison d'un service public *,
et qui se transporte à plus de deux kilomètres ** *de
sa résidence.*

Taxé à N . . . . . ., (*sa qualité*) , domicilié
à . . . . . ., canton d . . . . . ., département d . . . . . .,
sur sa réquisition . . . . . ., pour (*nombre*) myriamètres parcourus, la somme de . . . ., en vertu
de l'article *** 91 , n°. 2 (*ou des articles* 91 *n°.* 2
et 94 ****) du réglement du 18 juin 1811.

A . . . ., le . . . . . .

---

* D'après l'article 32 du réglement du 18 juin 1811 , il n'est
dû à ces témoins que les frais de voyage. *Voyez l'article 3 du décret du 7 avril 1813 , ci-dessus , page 183.*

** A plus d'un myriamètre de sa résidence. (*Article 2 du décret
du 7 avril 1813.*)

*** 2 *du décret du 7 avril 1813.*

**** L'augmentation de taxe accordée par cet article 94 a été
supprimée par l'article 4 du décret du 7 avril 1813.

14.

12ᵉ.— MÉDECINS, CHIRURGIENS, SAGES-FEMMES, EXPERTS, et INTERPRÈTES,

*Lorsqu'ils comparaissent aux débats ou devant le juge d'instruction, dans le cas de l'article 25 du réglement du 18 juin 1811 *.*

Taxé à N . . . . . . , (*indiquer la qualité ou profession, et le domicile, si N . . . . . s'est transporté à plus de deux kilomètres de sa résidence*), pour (*nombre*) jours, (*ou pour* (nombre) *myriamètres parcourus; pour* (nombre) *jours de séjour, et pour* (nombre) *jours de séjour forcé, constatés par le certificat ci-joint , par nous visé*) , à l'effet de . . . . . (*indiquer le motif de la comparution*) , la somme de . . . . , en vertu des articles 25 et 27 (*ou* 25 **, 91, *n*°. 2 (ou 91 n°. 2, 94 ***, si c'est en hiver), 95 *et* 96 *n*°. 2) du réglement du 18 juin 1811.

A . . . . . . le . . . . .

---

* Il résulte de l'article 25 du réglement, que les médecins, chirurgiens, etc. ne doivent être payés que comme des témoins, lorsqu'ils ont terminé leurs opérations, et qu'ils ne sont appelés devant le juge d'instruction et aux débats que pour rendre compte de ces opérations.

** Du décret du 18 juin 1811 , et 2 du décret du 7 avril 1813.

*** L'augmentation de taxe accordée par cet article 94 a été supprimée par l'article 4 du décret du 7 avril 1813.

FRAIS DE JUSTICE
CRIMINELLE.

(MODÈLE N°. 5.)

Mois de
de l'an

N : . : Préposé.

MEMOIRE

Des Frais de translation

*de prévenus et d'accusés , et des frais
de transport des objets de conviction, dus
à N . . . préposé des convois militaires
à
département d
pendant le mois d*

Numéros d'ordre.	DATE de la translation.	LIEU		NOMS ET PRÉNOMS des prévenus et accusés.	NATURE de la prévention et de l'accusation.
		du départ.	de l'arrivée		

RÉCAPITULATION.	NOMBRE.	PRIX du MARCHÉ.
Chevaux de selle		
Voitures à... { un collier . . .		
deux colliers . .		
trois colliers . .		
Totaux		

Je soussigné, préposé des convois militaires à . . . , cer-

A

Nota. Lorsque les préposés conduiront dans une même voiture des prisonniers dont les frais de translation ne doivent pas être payés sur les fonds généraux des frais de justice, ils diminueront la partie de voiture qui doit être payée sur d'autres fonds.

Lorsque la translation du même individu s'effectuera par plusieurs préposés, chacun des préposés, excepté le dernier, devra joindre, à l'appui de son mémoire, copie de la première

DÉSIGNATION des objets de conviction.	AUTORITÉ requérante.	COURS et tribunaux devant lesquels sont traduits les prévenus et accusés.	Chevaux de selle.	VOITURES à		
				un COLLIER.	deux COLLIERS.	trois COLLIERS.
		TOTAUX.				

MONTANT.	TAXE du JUGE.	RÈGLEMENT du PRÉFET.	OBSERVATIONS.
			Les juges et le préfet ne doivent jamais omettre de remplir, par leurs taxe et réglement, les deux dernières colonnes, même lorsqu'il n'y a aucune réduction à faire. Ils ne doivent pas non plus oublier d'indiquer *ici* les articles du mémoire, sur lesquels portent les réductions et les motifs des réductions.

tifie véritable le présent mémoire pour la somme de

le

réquisition et du certificat de l'officier de santé; cette copie sera certifiée par le maire du lieu de l'arrivée, et le certificat fera mention du *vu arriver*. Le dernier préposé joindra l'original de la première réquisition et celui du certificat de l'officier de santé; il fera mettre le *vu arriver* sur la réquisition, par le concierge de la maison (de justice ou de la maison d'arrêt dans laquelle il aura conduit le prisonnier.

FRAIS DE JUSTICE
CRIMINELLE.

(MODÈLE Nº. 6.)

MÉMOIRE des Honoraires dus à N. . . ., Chirurgien, à . . canton de . . . . arrondissement de. . . pendant le mois d

Mois d
de l'an
N . . . . . . Chirurgien.

Numéros d'ordre.	Dates des opéra-tions.	Espèce des crimes ou délits.	Auto-rité requé-rante.	OBJET des opéra-tions.	NOMBRE DE		
					visites.	opérations plus difficiles que la simple visite.	Myria-mètres par-courus.	jours de séjour.

RÉCAPITULATION.	Nombre.	PRIX.	Mon-tant.	Arti-cles du régle-ment.	Taxe du juge.	Régle-ment du préfet.	Ob-ser-va-tions
Visites							
— Opérations plus difficiles.							
Myriamètres par-courus							
Jours de séjour. . .							
Médicamens four-nis suivant la note ci-jointe sous le nº. 4.							
TOTAUX							

Je soussigné,

chirurgien, certifie véritable le présent mémoire pour la somme de

  A   *, le*

Nota. Joindre à l'appui de chaque opération le réquisitoire qui y a donné lieu.

Lorsqu'il s'agit de rembourser au chirurgien des fournitures qu'il a achetées d'un tiers, le chirurgien doit joindre à son mémoire un état détaillé des fournitures, et dûment quittancé par le vendeur.

Quelques juges et préfets ont cru pouvoir compenser des articles trop élevés avec des articles qui leur ont paru n'avoir pas été portés à leur prix ; ils n'ont fait en conséquence aucune réduction : cette marche a sur-tout été suivie relativement aux myriamètres parcourus, et c'est là une erreur dans laquelle ils doivent éviter de retomber.

JUSTICE CRIMINELLE.

(MODÉLE N°. 7.)

FRAIS URGENS.

Trimestre d

ÉTAT des sommes payées aux témoins pendant le trimestre d par le receveur d à

TÉMOINS.

N. . . . . receveur
d

N°ˢ. des taxes.	JOURS.	MYRIA-MÈTRES parcourus, retour compris.	JOURS de séjour.	JOURS de séjour forcé.	MON-TANT de chaque taxe.	NOM-BRE de taxes.	PRO-DUIT.
						TOTAL.	

Certifié

---

* Le receveur de l'administration de l'enregistrement portera dans un état séparé et semblable à celui-ci, les taxes accordées aux jurés.

NOTA. *Les receveurs rassembleront toutes les taxes de même espèce et de somme égale, dans une chemise séparée, sur laquelle ils indiqueront le nombre de jours et de myriamètres parcourus, le montant de la taxe, le nombre de taxes et le produit; ils porteront ce relevé sur leur état.*

Toutes les taxes d'un trimestre doivent porter une même série de numéros.

(*Lettre de la chancellerie du 7 juin 1816.*)

le présent état pour la somme de. . . . . ;
montant des taxes portées sur les copies de citations ci-
jointes et acquittées par moi receveur soussigné.

A. . . . ., le. . . . .

Nous président de la cour. . . . . . ., d.. . . . .
(*ou du tribunal de première instance d . . . .*),
sur la réquisition de . . . . . ., qui a signé avec nous,
avons arrêté et rendu exécutoire le présent état pour
la somme de. . . . . . ., montant des taxes acquittées
par le receveur de l'enregistrement et des domaines à
la résidence d. . . . . ., pendant le trimestre d. . . ;
ordonnons que ladite somme sera passée en dépense
dans ses comptes, en rapportant les copies de citations et
pièces y jointes à l'appui.

A. . . . ., le . . . . .

*Vérifié et visé par nous préfet du département
d. . . . ., pour la somme de . . . . .
A . . . ., le . . . . .*

FRAIS NON PRÉVUS   (MODÈLE N.° 8.)

DE JUSTICE CRIMINELLE.

Mois d

   de l'an

N . . . . . ., (*sa qualité*).

MÉMOIRE de ce qui est dû à
N. . . . (sa qualité), en exé-
cution de l'article 136 *du régle-*
ment du 18 *juin* 1811 *, pendant*
le mois d   *de l'an*

Numéros d'ordre.	Par qui la dépense a été autorisée. *	DATE de la dépense.	ESPÈCE des crimes.	DÉTAIL de la dépense. *	MONTANT.
				TOTAUX ..	

Je soussigné ,

* Joindre l'autorisation.

** Lorsque la partie prenante a fait quelques fournitures (*ou*
des avances), elle doit joindre, à l'appui de son mémoire,
la note détaillée et dûment quittancée des fournitures (*ou des*
avances).

qualité de la partie prenante), *certifie véritable le présent état
pour la somme de* . . . . . .

A . . . ., le . . . .,

(Modèle N°. 9.)

EXÉCUTOIRE.

Nous président de la cour (*ou du tribunal de pre-* *mière instance de* . . . . ., *département de.* . . . . ., *ou juge d'instruction du tribunal de première instance* *de* . . . . ., *département de* . . . ., *ou juge du* *tribunal de police de* . . . ., *arrondissement de.* . . . .; *département de* . . . . .), sur le réquisitoire de. . . ., (*indiquer l'officier du ministère public*), qui a signé avec nous, avons arrêté et rendu exécutoire le présent état (*ou mémoire*), pour la somme de . . . ., montant de la taxe que nous en avons faite *; et ordonnons que ladite somme sera payée par le receveur de l'enregis- trement (*ou des domaines*), au bureau de. . . . . .

A . . . ., le . . . . .

VISA.

VÉRIFIÉ et visé par nous, préfet du département de. . . . . .,pour la somme de. . . . . . **,à laquelle nous avons réglé le présent état (*ou mémoire*).

A . . . ., le. . . . .

NOTA. *L'exécutoire et le visa seront apposés au pied* *des états* (ou mémoires) , *et non sur une feuille sépa-*

---

* Lorsque la taxe est inférieure au montant de l'état (*ou mé- moire*), le taxateur doit, par une observation qui sera revêtue de sa signature et qui précédera l'exécutoire, donner les motifs de ses réductions et indiquer les articles de l'état (*ou mémoire*) sur lesquels elles portent.

** Si le réglement est inférieur à la taxe , le préfet en donnera les motifs de la manière prescrite par la note précédente.

rée, à moins qu'il ne reste pas assez d'espace ; alors on ajoutera une feuille, et l'on aura soin de porter au pied de l'état au moins une ligne soit de l'exécutoire, soit du visa.

OBSERVATIONS.

Dans le cas où le ministère public requerrait une diminution de la taxe, il donnera son réquisitoire motivé * au pied du certificat de la partie prenante : alors, dans l'exécutoire, au lieu de ces mots, *sur le réquisitoire de etc.*, on mettra ceux-ci, *vu le réquisitoire ci-dessus et y ayant égard* (ou sans y avoir égard), *avons arrêté, etc.*

---

* Le réquisitoire motivé, dans ce cas, a pour but de décharger l'Officier du ministère public, de la responsabilité qui lui est imposée par l'article 141 du réglement.

FRAIS DE JUSTICE

C R I M I N E L L E.

LIQUIDATION.

(MODÈLE Nº. 10.)

ÉTAT de liquidation des frais et dépens de la procédure, (criminelle, correctionelle ou de simple police) *instruite* (à la requête du ministère public ou sur la plainte rendue par N. . . .) *contre N.* . . . . (condamné, absous, acquitté ou renvoyé par arrêt, jugement où ordonnance en date du. . . . . . .)
N. . . . . . *partie civile.*
N. . . . . . *civilement responsable.*

AUTORITÉS devant lesquelles LES FRAIS ont été faits.	NATURE DES FRAIS.	MONTANT.	OBSERVATIONS.

Modèle

MODELE d'exécutoire pour le cas où la liquidation n'aura pu être insérée, soit dans l'ordonnance de mise en liberté, soit dans l'arrêt ou le jugement de condamnation, d'absolution ou d'acquittement.

Nous président (*ou juge d'instruction, ou juge du tribunal de police*) de. . . . . . . , sur les réquisitions de. . . . . . , avons arrêté le présent état à la somme de (*en toutes lettres*) ; ordonnons qu'en exécution de l'article 174 du réglement du 18 juin 1811, le recouvrement de ladite somme sera poursuivi par toutes voies de droit, et même par celle de la contrainte par corps, à la diligence de l'administration de l'enregistrement et des domaines, contre N. . . . . . condamné (*seul*), n'y ayant point eu de partie civile en cause, ni personne civilement responsable, (*ou bien*) solidairement contre, etc.

(MODÈLE Nº. 11.)

COUR ROYALE

d

DÉPARTEMENT

d (*où doivent se tenir les assises.*)

ORDONNANCE.

Nous   premier président de la cour royale d

En vertu des articles 16 et 20 de la loi du 20 avril 1810 et des articles 79 et 80 du décret du 6 juillet de la même année,

Ordonnons que les assises du département d

pour le   trimestre de l'an   s'ouvriront le   à

Et attendu que Son Exc. Mgr. le grand-juge ministre de la justice n'a point usé, pour lesdites assises, du droit de nomination qui lui est conféré par la loi,

Nommons, pour les présider, M. . . . conseiller en la cour, et. . (*désigner ici les conseillers et auditeurs qui seraient délégués pour siéger en qualité de juges dans la cour d'assises*).

Ordonnons qu'à la diligence de M. le procureur général, notre présente Ordonnance sera notifiée et publiée ainsi qu'il est prescrit par les articles 88 et 89 dudit décret du 6 juillet 1810.

Fait et ordonné en notre hôtel (*ou en cour royale*), à   le

N. . . . (*signature du premier président.*)

Par le premier président :

Le greffier en chef de la cour royale,

15.

JUSTICE CRIMINELLE.

FRAIS URGENS.

ROLE

DE RESTITUTION.

DÉPARTEMENT
d

Trimestre
d

(MODÈLE Nº. 12.)

ROLE

DE RESTITUTION

Dressé par le préfet du département d en exécution de l'article 173 du décret du 18 juin 1811, pour abus ou surtaxe dans les frais de justice urgens payés pendant le trimestre d

NOMS,		DATE de l'éxécutoire dans lequel la taxe est portée.	No. d'ordre de la taxe. *	DATE de la taxe.	Montant de la taxe.
QUALITÉS ET DEMEURES					
des juges taxateurs.	des parties prenantes.				

* Le numéro d'ordre doit être celui sous lequel le receveur de l'enregistrement indique le rang que la taxe occupe dans son état.

Le préfet aura soin d'exiger que toutes les taxes comprises dans un même état soient rigoureusement cotées par première et dernière, et que les numéros d'ordre soient de même rapportés sur l'état.

| NATURE des frais taxés. | ARTICLES du décret du 18 juin 1811 en vertu desquels les frais ont été taxés. | MOTIFS des réductions | ARTICLES du décret du 18 juin 181 qui ont servi de base à la réduction. | SOMMES | | | TOTAL des recouvremens. |
				payées.	allouées.	à recouvrer.	
. . . . .		TOTAL. . . .	. . . . . .	. . . .	. . . .	. . . .	. . . .

ARRÊTÉ le présent rôle de restitution, à la somme de

A   le

Le Préfet du département d

OBSERVATION.

Les rôles de restitutions seront faits en double expédition, et ne seront adressés au grand-juge qu'avec l'état du trimestre dans lequel les taxes seront comprises.

DÉPARTEMENT
d

(Modèle nº. 13.)

TABLEAU

Des distances en myriamètres et kilomètres de chaque commune du département d   aux chefs-lieux du canton, de l'arrondissement et du département; Dressé en exécution de l'article 93 du décret du 18 juin 1811.

NOMS des chefs-lieux judiciaires		DÉSIGNA-TION des com-munes.	DISTANCE de chaque commune au chef-lieu judiciaire		
d'arron-disse-ment.	de canton.		du départe-ment.	de l'arrondis-sement.	du canton.
			myria. kilom.	myria kilom.	myria kilom

(MODÈLE N°. 14.)

COUR ROYALE   DÉPARTEMENT
d   d

PAR ARRÊT DE LA COUR (*d'assises, ou spéciale ordinaire, ou spéciale extraordinaire*), séant à
        département d   en
date du
N. . . . (*les nom et prénoms du condamné, son âge, son signalement, le lieu de sa naissance et celui de son domicile ou de sa résidence, sa qualité ou profession*), accusé (*présent ou contumax*), convaincu (*la nature et les circonstances aggravantes ou atténuantes du crime, le temps et le lieu où il a été commis*), a été condamné à (*la peine et les autres condamnations prononcées par l'arrêt,*) en exécution (*indiquer le numéro de l'article ou des articles de la loi ou des lois pénales appliquées par l'arrêt*).

        Pour extrait conforme

   Délivré à M. le Procureur général (*ou Procureur du Roi*).

       Le Greffier en chef de la cour royale d
       (ou le Greffier du tribunal de première
         instance d   ),
       N. . . . . . (*Signature du Greffier.*)

   Vu par nous procureur général (*ou procureur
       du Roi.*)
       N. . . . . (*Signature.*)

Nota. Lorsqu'il y aura plus de trois arrêts à publier à la fois, on en pourra réunir les extraits par un seul placard, conforme au modèle ci-joint, n°. 15.

COUR ROYALE
d

(Modèle n°. 15.)

DÉPARTEMENT
d

EXTRAITS DES ARRÊTS

Portant condamnation à des peines afflictives ou infamantes, rendus pendant

DATES des arrêts.	PAR QUELLES Cours ils ont été rendus.	NOMS et PRÉNOMS des condamnés, leur âge, le lieu de leur naissance et celui de leur domicile ou résidence, leur qualité ou profession ; s'il étaient présens ou contumax.	SIGNALEMENT des condamnés.	NATURE et circonstances aggravantes ou atténuantes des crimes ; Temps et lieux où ils ont été commis.	PEINES et autres condamnations prononcées par lesdits arrêts.	ARTICLES de la loi ou des lois pénales qui ont motivé les condamnations.

Nota. Lorsqu'il y aura plus de trois arrêts à publier à la fois, on en pourra réunir les extraits sur un seul placard, conforme au présent modèle.

FRAIS DE JUSTICE (Modèle n°. 16.)

CRIMINELLE.

Mois d
de l'an

N. . . . . Interprète.

*MÉMOIRE des vacations dues
à N. . . .interprète de langue
(désigner ici la langue) près
la Cour (ou le tribunal) de. . .
pendant le mois d. . . . .
de l'an. . . . .*

Numéros d'ordre.	Dates des vaca-tions.	Espèce des crimes, délits ou con-traven-tions.	Auto-rité requé-rante.	OBJET des vaca-tions.	NOMBRE DE			
					Vacations de		myria-mètres par-courus	jours de séjour.
					jour.	nuit.		
				Totaux ...				

RÉCAPITULATION.	Nombre.	Prix	Mon-tant.	Arti-cles du régle-ment.	Taxe du juge.	Régle-ment du préfet	Ob-serva-tions.
Vacations de jour . .							
Vacations de nuit . .							
Myriamètres par-courus							
Jours de séjour. . .							
Totaux							

Je soussigné,

interprète, certifie véritable le présent mémoire pour la somme de

A..............,le.............

Nota. Joindre à l'appui de chaque article le réquisitoire qui a donné lieu aux vacations.

Quelques juges et préfets ont cru pouvoir compenser des articles trop élevés avec des articles qui leur ont paru n'avoir pas été portés à leur prix; ils n'ont fait en conséquence aucune réduction : cette marche a surtout été suivie relativement aux myriamètres parcourus, et c'est là une erreur dans laquelle ils doivent éviter de retomber.

FRAIS DE JUSTICE

CRIMINELLE.

(Modèle nº. 17.)

Mois d

de l'an

N. . . . . Gendarme.

*ÉTAT des frais faits par N. .,
gendarme à . . . , pour avoir
conduit N . . . en poste depuis
N . . jusqu'à N. . , chef-lieu
de la cour d'assises du département de. . ., par ordre de . . .
suivant la réquisition ci-jointe.*

Nº. d'ordre.	DATE des FRAIS.	DÉSIGNATION des frais.	NOMBRE de postes.	PRIX par poste y compris la voiture fournie par le maître de poste.	Montant.

Je soussigné ,

gendarme, certifie véritable le présent état pour la somme de.........., sur laquelle j'ai déjà reçu celle de............ à-compte.

A................., le............

Nota. Pour l'ordre de la comptabilité, il est nécessaire que le mandat d'à-compte soit adressé par l'administration de l'enregistrement au préposé de cette administration qui doit acquitter le reste du mémoire, afin que ce mandat soit joint à l'exécutoire qui devra être décerné pour le montant total de l'état. Ce mandat sera encore nécessaire pour s'assurer du montant de l'avance faite au gendarme, dans le cas où le réquisitoire n'en ferait pas mention, ou en cas de perte de ce réquisitoire.

Si l'avance est plus forte que le montant de l'état, le gendarme est tenu de faire le versement de l'excédant dans la caisse du préposé de l'enregistrement du lieu de la destination du prisonnier, et le préposé doit certifier, au bas de l'exécutoire, qu'il a reçu cet excédant.

OBSERVATION.

Si la destination du prisonnier n'est pas un chef-lieu de préfecture, le solde de l'état pourra être fait sur l'exécutoire, sans qu'il soit visé par le préfet, afin de ne pas retarder le retour du gendarme.

FRAIS DE JUSTICE   (MODÈLE Nᵒ. 18.)

CRIMINELLE.

Mois d

de l'an

N. . . . . ., Traducteur.

MÉMOIRE des honoraires dus à N. . ., traducteur de langue, (désigner ici la langue) *près* la Cour (ou le tribunal) *de. . . pendant le mois d . . . . . . de l'an. . .*

Nᵒˢ. d'ordre.	DATE de la remise des traductions	ESPÈCE des crimes, délits ou contra-ventions.	AUTORITÉ requérante	OBJET des Traductions.	NOM-BRE de rôles.
				Total....	

Je soussigné.

interprète, certifie véritable le présent mémoire pour rôles, lesquels, à raison de soixante-quinze centimes chacun, d'après l'article 23 du réglement du 18 juin 1811, produisent la somme de

A.........le........

Nota. Joindre à l'appui de chaque article le réquisitoire qui a donné lieu aux traductions.

FRAIS DE JUSTICE

CRIMINELLE.

Mois d

de l'an

N. . . . . Gardien de
scellés.

(MODÈLE Nº. 19.)

*MÉMOIRE de l'indemnité due
à N. . . . . gardien de scellés,
établi par . . . . (dési-*
gner l'autorité qui a nommé le
gardien), *dans la maison de*
N. . . . . *prévenu*
de . . . ., ladite maison
sise à . . . ., canton de
. . . ., arrondissement
de . . . . . ., département
de . . . . . .

SAVOIR :

Du 21 novembre   au 19 janvier   inclus,
. . . . jours, lesquels, à raison d'un franc pour chaque
jour, d'après l'article 37 du réglement du 18 juin 1811,
font la somme de . . . . «

*Je soussigné, gardien de scellés, certifie véritable le présent
mémoire pour la somme de . . . .*
A . . . ., le . . . .

FRAIS DE JUSTICE

CRIMINELLE.

(MODÈLE Nº. 20.)

Trimestre de
de l'an

N. . . . . ., Imprimeur.

MÉMOIRE des impressions dues à N. . . . .,imprimeur de la Cour (ou du tribunal de première instance) de . . . . ., pendant le trimestre de. . . . . de l'an. . . . . .

Numéros d'ordre.	DATE de la remise des impressions.	DÉSIGNATION des actes imprimés. *	MODE des impressions.	NOMBRE d'exemplaires fixé par M. le procureur général.	PRIX suivant le marché.	MONTANT.
		TOTAL . . .	. . . .	. . . . .	. . .	

Je soussigné, imprimeur, certifie véritable le présent état pour la somme de . . . ., d'après les prix de mon marché du . . . .

A . . . . le . . . .

____

* Joindre à l'appui de chaque article un exemplaire de l'objet imprimé.

FRIS DE JUSTICE   (MODÈLE N°. 21.)

CRIMINELLE.

Mois d

de l'an

N . . . . , Messager.

*MÉMOIRE des sommes dues à
N . . . . messager de la
voiture publique de N . . . . . .
à N . . . . . , pour transport
d'objets de conviction pendant le
mois d*

Numéros d'ordre.	DATE du transport.	AUTORITÉ requérante.	DÉSIGNATION des objets de conviction.	PRIX du transport.
			TOTAL. :	

Je soussigné,

16.

messager, certifie véritable le présent mémoire pour la somme de

A . . . ., le . . . .

Nota. Joindre les réquisitions à l'appui de chaque article.

FRAIS DE JUSTICE
CRIMINELLE.

Mois d

de l'an

N . . . . . . , Expert.

(MODÈLE N.° 22.)

MÉMOIRE des vacations dues à N. . . . . pharmacien expert près la cour (ou le tribunal) de., pendant le mois d . . . . . . de l'an . . . . .

Numéros d'ordre.	DATES des vacations et de la remise des rapports.	ESPÈCE des crimes, délits ou contraventions.	AUTO-RITÉ requé-rante.	OBJET des vacations	NOMBRE DE			
					vacations de		myria-mètres parcourus.	jours de séjour.
					jour.	nuit.		
				TOTAUX..				

RÉCAPITULATION.	Nombre.	PRIX.	Mon-tant.	Arti-cles du régle-ment.	Taxe du juge.	Régle-ment du préfet	Ob-serva-tions.
Vacations de jour.							
Vacations de nuit.							
Myriamètres parcourus							
Jours de séjour. .							
Fournitures de drogues employées à l'analyse, suivant la note ci-jointe sous le n°. premier.							
TOTAUX	. . . . .						

Je soussigné

pharmacien expert, certifie véritable le présent mémoire pour la somme de

A. . . . . , le . . . .

Nota. Joindre à l'appui de chaque expertise le réquisitoire qui y a donné lieu.

Lorsqu'il s'agit de rembourser à l'expert des fournitures qu'il a achetées d'un tiers, l'expert doit joindre à son mémoire un état détaillé des fournitures, et dûment quittancé par le vendeur.

Quelques juges et préfets ont cru pouvoir compenser des articles trop élevés avec des articles qui leur ont paru n'avoir pas été portés à leur prix ; ils n'ont fait en conséquence aucune réduction : cette marche a surtout été suivie relativement aux myriamètres parcourus, et c'est là une erreur dans laquelle ils doivent éviter de retomber.

FRAIS DE JUSTICE
CRIMINELLE.

(MODÉLE N°. 2?.)

Mois d
de l'an

MAIRIE
d ....

ÉTAT des sommes dues à la mairie d . . . . pour remboursement des fournitures qu'elle a faites aux prisonniers de passage pendant le mois d . .

Numéros d'ordre.	NOM des prisonniers.	CAUSE de la détention.	DATE de l'arrivée	DATE du départ.	NOMBRE DE jours de séjour.	NOMBRE DE rations de pain.	NOMBRE DE bottes de paille.	DÉSIGNATION des FOURNITURES autres que le pain et la paille.	MONTANT.
								TOTAUX	

RÉCAPITULATION.	Nombre.	Prix.	Montant.	Articles du règlement.	Taxe du juge.	Réglement du préfet.	Observations.
Rations de pain du poids de 3[4 de kil. chacune...							
Bottes de paille du poids de..... chacune...							
Autres fournitures.........							
TOTAUX..........	.	. . .					

Je soussigné ,

maire, certifie véritable le présent état pour la somme de . . . . .

     A . . . . , le . . . .

Nota. Joindre à l'appui de chaque espèce de fournitures une quittance du fournisseur indiquant la somme payée, l'espèce, le nombre et le prix des objets fournis.

— Rétranché l'article 4, qui doit être à la charge du ministre de l'intérieur, d'après le n°. 5 de l'article 3 du réglement.

— Les juges et le préfet ne doivent jamais omettre de remplir par leurs taxe et réglement les deux dernières colonnes, même lorsqu'il n'y a aucune réduction à faire.

Ils ne doivent pas non plus oublier d'indiquer *ici* (*dans la colonne des observations*) les articles de l'état sur lesquels portent les réductions et les motifs des réductions.

FRAIS DE JUSTICE

(MODÈLE Nº. 24.)

CRIMINELLE.

MÉMOIRE *des captures dues
à N. . . . Gendarme à la résidence de. . . . ., en exécution
de l'article 77 du réglement du
18 juin 1811, pendant le mois
d*

Mois d
de l'an

N. . . . . . Gendarme.

Numéros d'ordre.	DATE des captures.	ESPÈCE des crimes, délits ou contra-ventions.	AUTORITÉ requérante.	DÉSIGNATION du mandement de justice.	Montant
				TOTAL	

Je soussigné,

gendarme, certifie véritable le présent mémoire pour la somme de   , faisant le prix de   captures, à raison de quinze francs chacune, d'après le n°. 5 de l'article 71 du réglement du 18 juin 1811.

A. . . . . , le . . . .

OBSERVATION GÉNÉRALE.

Il n'est rien dû aux gendarmes pour l'exécution des mandemens de justice, autres que les trois espèces désignées au présent modèle; non plus que pour l'exécution des ordres du ministère public, donnés pour assurer le recouvrement des frais et des autres condamnations pécuniaires.

(Modèle n°. 25.)

COUR ROYALE

*(ou cour d'assises, ou tribunal
de première instance)*

d

(*En cas de banqueroute
simple*)
DÉPARTEMENT

d

Par arrêt de la cour d'assises *(ou par arrêt de la cour
royale, chambre correctionnelle, ou par jugement du
tribunal de première instance)*, séant à. . . . .
département d . . . .   en
date du

N. . . . (*les nom et prénoms du condamné, son âge,
le lieu de sa naissance, et celui de son domicile ou de sa
résidence, sa profession*), présent (*ou défaillant*), convaincu de . . . .(*la nature et les circonstances aggravantes
ou atténuantes du délit*), a été condamné à (*nombre*) mois
(*ou ans*) d'emprisonnement et aux frais. . . . ., en exécution des articles 592 du Code de commerce, 402 du
Code pénal, et 194 du Code d'instruction criminelle.

Le greffier de la cour (ou du tribunal de
première instance),

N. . . . (*Signature.*)

Vu par nous, procureur général
(*ou procureur du Roi*),

N . . . . . (*Signature.*)

(MODÈLE N°. 26.)

COUR ROYALE   DÉPARTEMENT

d   d (*où* doivent se tenir les assises

                      ou la cour spéciale.)

PAR arrêt du

La cour royale, chambres assemblées ;

En vertu de l'article 16 de la loi du 20 avril 1810, (*ou de l'art.* 106, *ou de l'art.* 90 *du décret du 6 juillet* 1810);

Sur le réquisitoire du procureur général,

A ordonné qu'il sera tenu une assise extraordinaire à . . . canton de . . . . ., arrondissement de . . . . ., le . . . . ., (*ou que la cour spéciale sera tenue le* . . . . (*avant l'époque ordinaire*); *ou que les assises se tiendront à* . . . . . . (lieu autre que celui où elles se tiennent habituellement.)

Pour extrait conforme :
Le greffier de la cour royale,
N. . . . . . (*Signature du greffier.*)

Vu par nous, procureur général,

      N. . . . . . . (*Signature.*)

FRAIS DE JUSTICE   (MODÈLE N°. 27.)

CRIMINELLE.

Mois (*ou trimestre*) de

N . . . . Juge de paix.
N . . . . . Greffier.

MÉMOIRE des indemnités dues au juge de paix du canton de. . . arrondissement de. . . . . , département de. . . . , et à son greffier, pour s'être transportés dans différentes communes de ce canton, en vertu de délégation de. . . . . . , à l'effet de recevoir des dépositions de témoins.

Numéros d'ordre.	AUTO-RITÉS desquelles émanent les commissions.	NOMS des prévenus, et espèce des crimes et délits.	LIEU du transport.	DURÉE du transport.	DIS-TANCE du lieu du transport.	PRIX fixé par le réglement. Articles.		SOMMES dues au juge de paix.	greffier.	TOTAL.
						88	89			
				jours.	kilom.					
TOTAUX.	. . .	. . . .	. . . . .	. . . . .	. . . .					

Nous soussignés,

certifions véritable le présent mémoire pour la somme de. . . .

A. . . . ., *le* . . . .

N. . . . .,　　　　　N. . . . .,
Juge de paix.　　　　　　Greffier.

OBSERVATIONS.

Ce mémoire doit être rendu exécutoire par le président du tribunal de première instance auquel ressortit la justice de paix, et sur le réquisitoire du procureur du Roi.

— Le juge de paix qui, en qualité *d'officier de police judiciaire,* se transporte hors de sa résidence pour constater un crime ou un délit, n'a droit à aucune indemnité, et ne doit pas être accompagné par son greffier. (*Circulaire de Mgr. le garde des sceaux, du 31 mai 1813.*)

FRAIS DE JUSTICE
CRIMINELLE.

(MODÈLE N°. 28.)

Mois (*ou trimestre*) d..
de l'an

N. . . . Procureur du roi;
N. . . . Juge d'instruction;
N. . . . Greffier (*ou com-
mis-greffier*).

MÉMOIRE

Des indemnités dues

à N...... *Procureur du Roi, N......;
Juge d'instruction, N......., Greffier,
(* ou Commis-greffier *) près le Tribunal de
première instance de
département d
pendant le mois (ou le trimestre) de*

Numéros d'ordre.	LIEU du trans-port.	DÉSIGNATION des ARTICLES de la Loi ou des décisions qui autorisent le transport.	ESPÈCE des CRIMES.	ÉPOQUE où les crimes ont été commis.	DÉSIGNATION des opérations.
1.	2.	3.	4.	5.	6.
					TOTAUX...

Nous soussignés certifions véritable le présent mémoire pour

A

N. . . . . ,

Procureur du Roi.

N. . . . . ,

Juge d'instruction.

DURÉE du trans-port. 7.	DIS-TANCE du lieu du trans-port. 8.	PRIX fixé par le réglement. ARTICLES.		SOMMES DUES AU			
		88. 9.	89. 10.	procu-reur du roi. 11.	Juge d'ins-truc-tion. 12.	Gref-fier. 13.	TOTAL 14.
jours.	kilom.						

. . . .

la somme de

le

N. . . . .,

Greffier (ou commis-greffier).

OBSERVATIONS.

1°. Le greffier ne doit accompagner ni le procureur du Roi, lorsque celui-ci se transporte en qualité d'officier de police judiciaire, ni le juge d'instruction, lorsque ce magistrat fait par lui-même les actes attribués au procureur du Roi.

2°. Lorsque le procureur du Roi, le juge d'instruction et le greffier se sont transportés ensemble *une* ou *plusieurs fois* pendant le même mois (*ou trimestre, si le mémoire se fait par trimestre*), il ne doit être fait qu'un seul mémoire pour ce mois (*ou trimestre*), quand même le procureur du Roi (*ou le juge d'instruction*) aurait agi seul dans d'autres affaires pendant le même mois (*ou trimestre*).

3°. Lorsque le procureur du Roi et le juge d'instruction ont agi tous deux séparément pendant tout le mois (*ou trimestre*), ils peuvent dresser chacun un état des indemnités qui leur sont dues ; alors les 10°., 11°., 12°. et 13°. colonnes ci-dessus sont inutiles.

4o. Lorsqu'il n'y a eu qu'un seul transport pendant le mois (*ou trimestre*), on peut se dispenser de faire un mémoire à colonnes ; il suffit, dans ce cas, d'indiquer dans le libellé du mémoire les renseignemens demandés par les colonnes.

5°. Le procureur du Roi et le juge d'instruction ne peuvent ni requérir, ni décerner des exécutoires pour raison des indemnités qui leur sont dues ; il faut, dans ce cas, que l'exécutoire soit décerné par le président du tribunal, sur la réquisition du substitut, ou d'un juge faisant fonctions du ministère public.

JUSTICE CRIMINELLE.   (Modèle n°. 29.)

FRAIS URGENS.   *ÉTAT* des frais urgens, autres

                      que les indemnités de témoins et

Trimestre d. . . . . . .   jurés, payés sur simple taxe,

                      pendant le trimestre de. . . . ,

N. . . . . . , Receveur   par le receveur d. . . . . . . ,

d   à. . . . .

NUMÉROS des pièces.	NATURE des frais.	NOMS, qualités et demeures des parties prenantes.	MONTANT des taxes.
		Total.	

Certifié le présent état pour la somme de. . . . .
montant des taxes portées sur les réquisitions ci-jointes et
acquittées par le receveur de l'enregistrement soussigné.

A . . . ., le . . . .

Nous président de la cour . . . . , d . . . .
(ou du tribunal de première instance d. . . . .),
sur la réquisition de . . . ., qui a signé avec nous,
avons arrêté et rendu exécutoire le présent état pour la

17.

somme de . . . . montant des taxes acquittées par le
receveur de l'enregistrement et des domaines à la résidence de . . . . pendant le trimestre d . . . . ;
ordonnons que ladite somme sera passée en dépense dans
ses comptes, en rapportant les réquisitions et pièces y
jointes à l'appui.

A . . . . , le . . . .
. . . . .

*Vérifié et visé par nous préfet du département de. . . . . . .
pour la somme de . . . .
A . . . . le . . . .*

FRAIS DE JUSTICE

(MODÈLE N°. 3o.)

CRIMINELLE.

DÉPARTEMENT

d

ÉTAT

Des exécutoires de frais de justice en ma-
tière criminelle, de police correctionnelle
et de simple police *,*
du département d
pendant le

(*) *Visés par le préfet* . . . . . *ou payés par les receveurs de*
l'enregistrement et des domaines.

NUMÉROS		Date	Noms	LEURS	LEURS
d'ordre	du	du	des		
du	visa	visa	parties	QUALITÉS.	DEMEURES.
direc-	du	du	pre-		
teur.	préfet.	préfet	nantes.		

NATURE des FRAIS.	TEMPS pendant lequel ils ont été faits.	MONTANT des réglemens du préfet.	OBSERVATIONS.

FRAIS DE JUSTICE

CRIMINELLE.

(MODÈLE N°. 31.)

DÉPARTEMENT
d

ÉTAT

Des frais de justice en matière criminelle,

Payés, sur simples mandats du préfet, par les receveurs de l'enregistrement et des domaines du département d

pendant le . . . ., tels que gages des exécuteurs, secours alimentaires aux exécuteurs sans emploi, aux veuves et enfans orphelins des exécuteurs décédés, frais d'exécution de toute espèce des arrêts criminels, et autres dépenses payables suivant le même mode.

NUMEROS		Dates des mandats du préfet.	Noms des Parties prenantes.	LEURS QUALITÉS.	LEURS DEMEURES.
d'ordre du directeur.	des mandat du préfet.				

NATURE des FRAIS.	TEMPS pendant lequel ils ont été faits.	MONTANT des *mandats* du préfet.	OBSERVATIONS.

ADDITIONS.

Décisions rendues pendant l'impression.

Les frais d'impression des signalemens d'objets volés, lorsque ces signalemens renferment, sur la personne des voleurs, les données qui sont au pouvoir de l'autorité doivent être acquittés par l'administration de l'enregistrement, comme frais de justice, sans qu'il y ait lieu, d'après le nombre 3 de l'article 104 du réglement du 18 juin 1811, de s'arrêter au défaut de signalement des voleurs. (*Décision de Mgr. le garde des sceaux, du 12 avril 1823. Art. 728 du journal de l'enregistrement*)

Le juge de paix qui, en qualité *d'officier de police judiciaire*, se transporte hors de sa résidence pour constater un crime ou un délit, n'a droit à aucune indemnité, et ne doit pas être accompagné par son greffier. (*Circulaire de Mgr. le garde des sceaux, du 31 mai 1823.*)

TABLE

ALPHABÉTIQUE ET RAISONNÉE

DES MATIÈRES.

A.

Accusés. Voyez *Défenseurs*, *Extradition*, *Greffiers*, *Huissiers*, *Translation*.

Administrations ; les frais de condamnation prononcée en Cour d'assises contre un employé font partie des frais de justice criminelle, 6 ; énumération de celles qui doivent payer les frais des poursuites faites dans leur intérêt et comment elles en sont tenues, 134 à 141.

Administration de l'enregistrement. Voyez *Enregistrement.*

Affiches ; les frais d'apposition de celles d'arrêts, jugemens et ordonnances de justice ne font pas partie des frais de justice criminelle et doivent être payés par les communes, 7 ; elles sont transmises par le ministère public aux maires qui les font placarder dans les lieux accoutumés, *ibid* et 87.

Agens de la force publique ; il ne leur est alloué aucune taxe pour les actes dont ils sont chargés par les officiers de police judiciaire et le ministère public, 61, 62 ; doivent prêter main-forte aux huissiers toutes les fois qu'ils en sont requis, 64 ; leurs devoirs et leurs droits, si, hors de la présence de ceux-ci, ils découvrent les prévenus, accusés ou condamnés, *ibid*, 65, 184 et *suiv.*

Agens de police doivent prêter main-forte aux huissiers toutes les fois qu'ils en sont requis, 64 ; droits qui leur sont alloués pour capture d'individus et exécution de jugemens ou arrêts, 64, 184 et *suiv.*

Amendes ; emploi qui doit être fait des fonds provenant

de celles prononcées relativement au fait de la conscription et de la désertion, 11 et *suiv.*; taxe des
frais pour parvenir au recouvrement de celles prononcées dans les cas prévus par le Code d'instruction criminelle et par le Code pénal, 101 et *suiv.*; ces frais
de poursuite ne sont pas payables sur les fonds généraux
des frais de justice, *ibid.*

Arrêts. Voyez *Affiche*, *Exécutions judiciaires*, *Greffiers*, *Huissiers*, *Impressions*, *Jugemens*, *Reliure.*

Avoués. Voyez *Défenseurs*, *Dépositaires publics.*

C.

Cadavres; les frais d'enlèvement, de transport et de visite
de ceux trouvés sur la voie publique ou noyés font
partie des frais de justice criminelle, 5 et *suiv.*;
mode de payement de ces frais, 106, 109. Voyez
Inhumation.

Capture (*droit de*); comment il doit être réglé lorsque la
capture a lieu en vertu du jugement d'un tribunal correctionnel qui n'a prononcé qu'une peine de simple
police, 55, 56 et 57. Voyez *Gendarmerie royale*,
Huissiers.

Caution; taxe des frais de poursuites pour obtenir la restitution des sommes déposées par elle dans la caisse
de l'administration de l'enregistrement, 103.

Cautionnement; taxe des frais pour parvenir au recouvrement de celui fourni à l'effet d'obtenir la liberté provisoire d'un prévenu, 102.

Certificats d'indigence; leurs effets et cas où ils sont
exigés, 94, 95, 102 à 104, 155 à 157.

Chirurgiens; leurs honoraires et vacations font partie des
frais de justice criminelle, 2, 7; taxe, 23 à 27; cas où
ils ont droit à des indemnités pour transport, 72 à 75;
fixation de ces indemnités, 75 à 79, 183. Voyez *Officiers de santé.*

Communes ; comment elles sont tenues des frais de poursuites faites dans leur intérêt, 135 à 141. Voyez *Affiches*.

Concierges. Voyez *Écrou*, *Prisons*.

Condamnés ; mode de recouvrement des frais de capture
de ceux qui l'ont été par les tribunaux de police simple et de police correctionnelle, 57 ; ces frais sont à
leur charge, 142, 143 ; il ne peut être formé aucune
saisie-arrêt sur la portion que ceux de l'un et l'autre
sexe reçoivent du produit de leur travail, lorsqu'ils
sortent de prison, 150 ; dans le cas de commutation,
par jugement rendu en appel, d'une peine pécuniaire
en un emprisonnement, les frais de la procédure restent à leur charge, 170, 171 ; la remise de la peine
n'entraîne l'abandon des frais qu'autant que cela est
formellement exprimé, 171 ; leur mort naturelle, avant
qu'on ait statué sur leur pourvoi en cassation, ne décharge pas les héritiers des frais, *ibid* et *suiv*. Voyez
Conduite, *Contumax*, *Extradition*, *Huissiers*, *Inhumation*.

Conduite ; les frais de celle des mendians et vagabonds
non traduits devant les tribunaux et des individus expulsés ou déportés hors du royaume ne font pas partie
des frais de justice criminelle et sont à la charge du
ministère de l'intérieur, 8 à 10 ; règles concernant
celle des condamnés à l'exposition ou à la peine capitale, 716 et *suiv*.

Conscrits. Voyez, *Amendes*, *Déserteurs*.

Conseils des accusés. Voyez *Défenseurs*.

Conseillers auditeurs. Voyez *Conseillers des cours
royales*.

Conseillers des cours royales ; leurs frais de voyage et
de séjour font partie des frais de justice criminelle, 3 ;

intentées contre eux devant les tribunaux militaires ou maritimes, ne font pas partie des frais de justice criminelle et sont à la charge des ministères de la guerre ou de la marine, 11. Voyez *Amendes*, *Translation*.

Distances. Voyez *Tableau des distances*.

Douanes ; les frais relatifs aux crimes et délits en cette matière font partie des frais de justice criminelle, 16. Voyez *Administrations*.

Douanes (*tribunaux des*); taxe, paiement et recouvrement des frais des procédures instruites devant eux, 160 à 162.

E.

Écrou ; comment doit être payée aux concierges des prisons l'expédition de l'acte qui le constate, 38 à 40.

Enregistrement (*administration de l'*) est chargée de faire l'avance des frais de justice criminelle : dénomination de ces frais et mode de recouvrement, 2 à 4, 92 à 105 ; règles que doivent suivre les directeurs dans l'apposition de leur visa au bas des mandats et exécutoires , pour raison de ces frais, 125 à 127 ; cas où ils peuvent refuser ce visa et marche qu'il faut suivre , *ibid* ; états de frais qui doivent être dressés et formalités à remplir, 142 et *suiv.* ; frais qui doivent y être compris, 143 et *suiv.* ; mode de recouvrement de ceux qui ne doivent pas être supportés par l'État, 144 à 146, 149 à 154, 188 ; les frais de recouvrement sont à sa charge, 45, 189 et *suiv.* ; fixation des droits dus par elle pour les extraits d'arrêts et jugemens et pour les copies d'états de liquidation des frais et dépens, 40, 185 à 187 ; formalités à observer dans le cas d'insolvabilité des parties, 102 à 104, 155 à 157 ; compte qu'elle doit rendre, 155, 158, 188 et *suiv.* ; états de situation à transmettre au ministre de la justice, 156 et *suiv.* Voyez *Enregistrement* (*receveurs de l'*).

courans, 20 et *suiv.*; les frais d'envoi des registres aux greffes des tribunaux à la fin de chaque année, ne peuvent être acquittés comme frais de justice criminelle : les préfets doivent prendre des mesures pour leur transport, 82 ; les frais résultant des poursuites faites d'office par le ministère public, relativement aux actes et rectifications qui y ont rapport, font partie des frais de justice criminelle, 4 ; comment ils sont taxés et recouvrés, 96 à 99.

États de crédit ; désignation des fonctionnaires pour qui les directeurs des postes sont astreints à en tenir, 80, 81, 161 ; indication des lettres et paquets qui doivent y être portés, 81 et *suiv.* ; peuvent être dressés par mois ou par trimestre, 83 ; doivent être certifiés du directeur de la poste, et du magistrat qu'ils concernent, 84, vus et rendus exécutoires par le président du tribunal, *ibid*, visés du préfet, *ibid*, acquittés du directeur de la poste, 119 ; sont dispensés du *visa* du directeur de l'enregistrement, 84 ; modèle, 199.

Exécuteurs ; leurs gages font partie des frais de justice criminelle, 4 ; les particuliers sont tenus d'obtempérer aux réquisitions qui leur sont faites pour leur logement, 90 ; peine en cas de contravention, *ibid* ; dispositions relatives à leur nombre, à leur placement, à leurs gages et à leur nomination, 90 et *suiv.* ; le ministre est autorisé à accorder des secours alimentaires à ceux qui sont infirmes, à leurs veuves et à leurs enfans, 91 ; mode de paiement des sommes qui leur sont allouées, 112, 113, 119, 123.

Exécutions judiciaires ; réglement les concernant, dressé par le ministre de la justice, 89, 163 à 169 ; les frais auxquels elles donnent lieu sont à la charge de l'État, 142, 163 ; mode de paiement de ces frais, 168 ; les ouvriers sont tenus d'obtempérer aux réquisitions qui

leur sont faites pour les travaux qu'elles rendent nécessaires , 89 et *suiv.*; peine en cas de contravention , 90.
Exécutoires; par qui ils doivent être décernés pour les
indemnités dues aux procureurs du roi et aux juges
d'instruction, 71 , 254, pour celles dues aux juges de
paix, 71 , 250; doivent être décernés sur les états ou
mémoires de frais non urgens, 112 et *suiv.*, sur la réquisition du ministère public, 114; ne peuvent être mis
sur les états ou mémoires non signés de toutes les parties prenantes, 118 et *suiv.*; mention dans ceux décernés sur les caisses de l'administration de l'enregistrement, pour frais qui ne sont point à la charge de
l'État, qu'il n'y a point de partie civile en cause ou
qu'elle a justifié de son indigence, 142. Voyez *Enregistrement (administration de l')*, *Enregistrement (receveurs de l')*, *Préfets*, *Responsabilité des Juges.*
Expéditions. Voyez *Greffiers*, *Huissiers.*
Experts; leurs honoraires et vacations font partie des
frais de justice criminelle, 2; taxe, 23 , 25 à 27 ; cas
où ils ont droit à des indemnités pour transport, 72 à
75 ; fixation de ces indemnités, 75 à 80, 182; mode de
paiement, 106, 109.
Extradition; les frais de celle des prévenus, accusés et
condamnés font partie des frais de justice criminelle,
2; mode de paiement, 106, 109, 123.
Extraits d'arrêts et de jugemens; ceux qui, en cas de
mise en liberté, doivent servir de passe-ports aux prévenus, ne peuvent être délivrés qu'à des vagabonds, 193.
Voyez *Enregistrement (administration de l')*, *Greffiers.*

F.

Fossoyeurs; mode de paiement des rétributions dues à ceux
qui sont chargés de l'exhumation d'un cadavre,106, 109.
Fourrière (mise en) fait partie des frais de justice crimi-

nelle, 2; délai après lequel les animaux et les objets périssables doivent être restitués ou vendus, 34; formalités qui doivent précéder et accompagner cette vente, et emploi des fonds , *ibid.* et *suiv.*

Fureur. Voyez *Interdiction.*

G.

Garde de scellés (frais de). Voyez *Scellés.*

Garde des sceaux. Voyez *Ministre de la justice.*

Gardes champêtres. Voyez *Gardes forestiers.*

Gardes forestiers ; actes de procédure qu'ils peuvent faire en matière d'eaux et forêts, 51 ; leurs rétributions pour ces actes, et formalités qu'ils doivent observer, *ibid.* et *suiv.* ; cas où ils ont droit à des indemnités pour transport, 73 à 75 , 183; fixation de ces indemnités, 75 à 78, 183; droits qui leur sont alloués pour captures de personnes et exécutions de jugemens ou arrêts, 184, 185.

Gendarmerie royale ; ses devoirs et ses droits, en cas de translation de prévenus ou accusés , 13 à 20, en cas de capture de prévenus , accusés ou condamnés hors de la présence des huissiers, 61 , 65 , 184 et *suiv.*; peut donner des citations, notifications et significations, mais n'a droit à aucune indemnité, 61 , 65 ; c'est à elle à mettre à exécution la contrainte par corps pour recouvrement des frais de justice , 150 à 152 ; cas où elle a droit à des indemnités pour transport, et fixation de ces indemnités, 183. Voyez *Agens de la force publique, Capture, Huissiers, Témoins.*

Geoliers. Voyez *Prisons.*

Greffes ; leur transport fait partie des frais de justice criminelle, 4 ; mode et frais de ce transport, 104 et *suiv.*; inspecteurs que le ministre de la justice peu envoyer pour les vérifier, 148. Voyez *Dépositaires publics, État civil.*

Greffiers; l'indemnité, en cas de transport, les droits d'expédition et autres qui leur sont alloués, font partie des frais de justice criminelle, 3, 6 ; désignation de ces frais et à la charge de qui, 36 à 39; cas où ils ne doivent pas expédier les arrêts ou jugemens par défaut, 37 ; tarif des droits qui leur sont dus, 40 à 42 ; fixation des indemnités qui leur sont accordées pour délivrance d'extraits d'arrêts, de jugemens, etc., 40, 185 à 187 ; leurs obligations en cas d'exécution à mort, 41 ; leurs droits d'assistance à ces exécutions, *ibid* et *suiv* ; ces droits sont à la charge de l'État, 142, 163 ; ne peuvent délivrer aucune expédition sans autorisation expresse du ministère public, 43 ; doivent faire viser par lui chaque expédition qui est, en outre, inscrite sur un registre tenu au parquet, 43 et *suiv*; ne peuvent pas y insérer les plaidoyers, 44 ; sont obligés de joindre à l'envoi de chaque procédure un inventaire dressé sans frais, *ibid* et *suiv.*; désignation des actes à expédier en forme exécutoire, 45 ; tiennent la plume et fournissent gratuitement les renseignemens au ministère public, 46 ; doivent écrire gratuitement les taxes des témoins, 290 ; peines pour concussions, 46 et *suiv.* ; indemnité qui leur est accordée en cas de transport, 72 ; cas où ils ne doivent pas accompagner le ministère public, 72, 254, ni les juges d'instruction, *ibid*, ni les juges de paix, 250, 264 ; ont droit à des états de crédit pour les lettres et paquets reçus ou adressés par eux, 81, 82 ; formalités à suivre pour les lettres et paquets qu'ils reçoivent sous enveloppe, 82, 83, 161 ; leurs droits et indemnités sont payés sur des états ou mémoires qui doivent être certifiés par eux, 112 et *suiv.*, par le procureur du roi,

44, rendus exécutoires par le juge, 113 et *suiv.*, sur la réquisition du ministère public, 114, désigner la nature des affaires, 192, mentionner qu'il n'y a pas de partie civile en cause ou qu'elle a justifié de son indigence, pour les frais qui ne sont pas à la charge de l'État, 142, être réglés et visés par le préfet, 113 et *suiv.*, 116, 124, visés par le directeur de l'enregistrement, 125 et *suiv.*, conformes au modèle, 116, 117, 191, souscrits de l'acquit, 119, sur papier timbré au-dessus de *dix francs*, 118; prescription de ces états et mémoires, 122 et *suiv.*; ils ne peuvent réclamer directement des parties le paiement des droits qui leur sont attribués, 128; extraits d'arrêts ou jugemens, ou copies d'états de liquidation des frais à remettre aux receveurs de l'enregistrement, 144, 145. Voyez *Dépositaires publics*, *Tableau des distances*.

H.

Honoraires des chirurgiens, *experts*; *interprètes*, *médecins*, *sages-femmes*. Voyez ces mots.

Huissiers; leurs salaires font partie des frais de justice criminelle, 3; leur service près des cours royales, des cours d'assises et des tribunaux de première instance, 47 et *suiv.*; fixation de leurs résidences, 48; leurs droits à raison des actes confiés à leur ministère, *ibid.*; leur organisation en communauté, leur service, leur discipline, etc. *ibid*, et 49; comment est faite la signification des actes dont ils sont chargés, 49 et *suiv.*; sont tenus de rétablir au greffe dans les vingt-quatre heures les minutes qui leur ont été confiées pour les signifier, 50; les copies doivent être écrites lisiblement et correcment, *ibid*; nombre de lignes à mettre dans chaque page, *ibid*; peines en cas de contraventions, *ibid*;

salaires pour mandats de comparution, 51 à 54, pour mandats d'amener, 54 et *suiv*, pour captures des prévenus, accusés ou condamnés, 55, 56, 184 et *suiv.*, pour extraction des prisonniers, 57 et *suiv.*, pour perquisition, 58, 63, 64, 184, pour publication à son de trompe ou de caisse et affiches d'ordonnances, 59, et *suiv.*, pour lecture d'arrêts de condamnation à mort, 59 et *suiv.*, pour les scribes qu'ils emploient, 60, pour assistance à l'inscription ou radiation de l'écrou, 60 et *suiv.*, lorsque des mandats d'amener et de dépôt ont été exécutés, contre le même individu, dans les vingt-quatre heures, 62, 183 et *suiv.*, si les individus se trouvent déjà arrêtés d'une manière quelconque, 62 et *suiv.*; leurs devoirs si les prévenus, accusés ou condamnés ne peuvent être trouvés, 64; les agens de la force publique sont tenus de leur prêter main forte toutes les fois qu'ils en sont requis, *ibid*; le salaire des recors est à leur charge, 65; frais de voyage et de séjour, 66, 72 à 78, 131, 132, 183; doivent suivre les modèles de mémoires dressés par le ministre de la justice, 66; leurs actes sont portés sur un registre tenu au parquet des cours et tribunaux, *ibid*; vérification qui doit être faite de ces actes, *ibid* et *suiv.*; cas dans lesquels ils peuvent agir hors de leurs résidences, et formalités à observer pour les mandemens que le ministère public et les juges d'instruction peuvent leur délivrer, 67 et *suiv.*; peines pour refus d'instrumenter ou de faire le service auquel ils sont tenus, 68 et *suiv.*, pour concussions 46, 47, 69; les magistrats doivent, pour les significations, employer ceux qui sont le plus rapprochés des parties, et adresser, à cet effet, les originaux aux fonctionnaires publics du lieu de la signification qui les leur remettront, 68 et *suiv.*; mode de paiement de leurs actes et diligences, 112 et *suiv.*; les états ou mémoires qu'ils en dressent doivent être certifiés par eux, *ibid*, rendus exécutoires par le juge, 113 et *suiv.*, sur la réquisition du ministère public, 114, désigner la nature des affaires, 192, mentionner qu'il n'y a pas de partie civile en cause ou qu'elle a justifié de son indigence, pour les frais qui ne sont pas à la charge de l'État, 142, être réglés et visés par le préfet, 113, 116, 124, visés par le directeur de l'enregistrement, 125 et *suiv.*, conformes au modèle, 66, 116, 117, 195, être sur papier timbré, au-dessus de *dix francs*, 118; ils doivent y joindre les mandats de réquisition, en cas d'exploits hors de leur canton, 67 et *suiv.*; prescription de ces états et mémoires, 121 et *suiv.*; ne peuvent réclamer directement des parties le paiement des droits qui leur sont attribués, 128; ce sont les gendarmes plutôt qu'eux qui doivent mettre à exécution la contrainte par corps, pour recouvrement des frais de justice criminelle, 150 à 152; mention à faire sur leurs répertoires, des sommes reçues des parties, et versement à en faire chez les receveurs de l'enregistrement, 152, 153; peines en cas de retard, 154. Voyez *Dépositaires publics*, *Enregistrement (administration de l')*, *Enregistrement (receveurs de l')*.

Hypothèques; comment doivent être rangées celles qui frappent sur les biens des condamnés 174 à 181. Voyez *Hypothèques (conservateurs des)*, *Inscriptions hypothécaires*, *Privilége du trésor.*

Hypothèques (conservateurs des); inscriptions qu'ils doivent faire sans avance de leurs droits et salaires, 100; comment ils en sont remboursés, *ibid* et *suiv.*; bordereaux qu'ils sont tenus de viser pour timbre, *ibid*. Voyez *Hypothèques*, *Inscriptions hypothécaires*, *Privilége du trésor.*

I.

Imbécillité. Voyez *Interdiction.*

Impressions; cas où elles font partie des frais de justice criminelle, 4; objets pour lesquels il doit être payé des frais, 85 à 87; dans quel format, et à quel nombre d'exemplaires elles doivent être faites, 87; celles à la charge des jurés condamnés sont payées au taux fixé pour celles des cours et tribunaux, 189; elles sont payées sur des états ou mémoires fournis tous les trois mois et accompagnés des exemplaires, 88, 112 et *suiv.*, rendus exécutoires par le président, sur la réquisition du ministère public, avec mention des lois, décrets, ou décisions, 88, 89, 114, visés par le préfet, 113, 116, visés par le directeur de l'enregistrement, 125 et *suiv.*, souscrits de l'acquit, 119, sur papier timbré, au-dessus de *dix francs*, 118.

Imprimeurs des cours et tribunaux doivent être nommés par ces corps, 87; le ministre de la justice doit être informé, par les officiers du ministère public, des marchés passés avec eux, 88; formalités qu'ils doivent remplir pour être payés de ce qui leur est dû, *ibid* et *suiv.* Voyez *Impressions.*

Indemnités; celles accordées aux parties lésées ne peuvent primer le privilége du trésor, 172, 173; celles des *chirurgiens, experts, gardes champêtres et forestiers, interprètes, jurés, juges de paix, juges d'instruction, médecins, ministère public, sages-femmes, témoins.* Voyez ces mots.

Indigens; mandat provisoire à délivrer aux témoins indigens, à-compte sur leur indemnité de voyage, 109 et *suiv.*; mention à faire sur la copie de citation lors du paiement de cet à-compte, 110; formalités à observer dans le cas d'insolvabilité des parties condamnées au remboursement des frais de justice, 155 à 157. Voyez *Certificats d'indigence.*

Inhumation ; les frais de celle des condamnés et des cadavres trouvés sur la voie publique ne font pas partie
des frais de justice , 8 ; dans quel cas ils sont à la charge
des communes , *ibid.*

Inscriptions hypothécaires ; les frais de celles requises
par le ministère public font partie des frais de justice
criminelle , 4 ; comment ces frais sont avancés et recouvrés , 99 et *suiv.* Voyez *Hypothèques* , *Hypothèques*
(*conservateurs des*).

Instructions criminelles ; les frais de voyage et de séjour
auxquels elles peuvent donner lieu , font partie des frais
de justice criminelle , 3 et *suiv.* ; les dépenses extraordinaires et non prévues qu'elles exigeraient ne peuvent
être faites qu'avec l'autorisation des procureurs généraux , 110.

Interdiction ; les poursuites d'office pour la faire prononcer font partie des frais de justice criminelle , 4 ;
comment ces frais sont taxés et recouvrés , 93 à 95 ;
cas dans lesquels le ministère public doit la pro-
voquer , 92.

Interprètes. Voyez *Experts.*

<h2 style="text-align:center">J.</h2>

Jugemens ; Les frais d'exécution de ceux qui sont rendus
en matière criminelle font partie des frais de justice ,
4. Voyez *Affiches* , *Greffiers* , *Huissiers* , *Reliure.*

Juges de paix ; dans les affaires de police simple qui
sont de leur compétence , les parties peuvent comparaître volontairement , ou sur un simple avertissement
donné par eux , le ministère public ou les maires , et
sans citation , 53 ; cas où ils ont droit à des indemnités pour transport , 71 et *suiv.* ; par qui doit être
rendu exécutoire le mémoire de ces indemnités , 71 ,
250 ; cas où ils n'ont droit à aucune indemnité et ne

décerner, lorsque le prévenu est déjà détenu en vertu d'un mandat de dépôt , 62 et *suiv.* Voyez *Agens de la force publique , Enregistrement (receveurs de l') , Huissiers.*

Mandats de dépôt. Voyez *Enregistrement (receveurs de l'), Huissiers , Mandats d'arrêt.*

Médecins ; leurs honoraires et vacations font partie des frais de justice criminelle , 2 ; taxe, 23 à 27 ; cas où ils ont droit à des indemnités pour transport , 73 à 75 ; fixation de ces indemnités , 75 à 79 , 183 ; mode de paiement, 106 , 109 ; modèle du mémoire , 213. Voyez *Chirurgiens , Officiers de santé.*

Mendians. Voyez *Conduite.*

Messagers. Voyez *Objets pouvant servir à conviction ou à décharge.*

Militaires ; les indemnités de route de ceux en activité de service , appelés en témoignage , ne font pas partie des frais de justice criminelle , 7 ; ils n'ont droit , dans ce cas , à aucune taxe : il peut seulement leur être accordé une indemnité de séjour forcé hors de leur garnison ou cantonnement , 29 et *suiv.*

Mines ; les frais pour contravention aux lois sur cette matière font partie des frais de justice criminelle, 5.

Ministère public ; les frais de voyage et de séjour accordés à ses officiers font partie des frais de justice criminelle , 3 ; il en est de même de ceux auxquels donnent lieu toutes les poursuites qu'il fait d'office , en matière civile ou contre des vagabonds , 4 et *suiv ;* comment cês derniers frais sont taxés et recouvrés , 92 à 100 ; est obligé de vérifier les expéditions délivrées par les greffiers et les actes des officiers ministériels , 43 , 44 , 66 et *suiv.* ; doit, à cet effet, tenir des registres au parquet pour inscrire ces actes et expéditions, 44 , 68 ; doit dénoncer ou poursuivre les abus qui , à cet égard , viennent à sa connaissance , 47 , 69 ; doit tenir un registre pour l'inscription des lettres et paquets adressés aux greffiers, que ceux-ci ne peuvent ouvrir hors de sa présence, 82 et *suiv.*; est responsable, solidairement avec les parties, des abus et exagérations dans les taxes qu'il a requises, 114 et *suiv.*; précaution à prendre pour mettre cette responsabilité à couvert, *ibid.* Voyez *Agens de la force publique*, *Exécutions judiciaires*, *Exécutoires*, *Greffiers*, *Huissiers*, *Hypothèques*, *Hypothèques* (*conservateurs des*), *Impressions*, *Inscriptions hypothécaires*, *Interdiction*, *Juges de paix*, *Officiers de justice*, *Port des lettres et paquets*, *Tableau des distances*.

Ministre de la justice fait procéder à la vérification de l'état général des frais de justice, 148; délivre une ordonnance du montant de ces frais au profit de l'administration de l'enregistrement, *ibid*; peut envoyer des inspecteurs pour vérifier les greffes des cours et tribunaux, *ibid.*; dresse des rôles de restitution des sommes indûment allouées, *ibid*; délai après lequel la prescription est acquise, 149; mode de recouvrement de ces rôles, *ibid et suiv.*; présente, chaque année, au Roi un bordereau général des ordonnances délivrées, et des sommes recouvrées, 158; formalités à remplir relativement aux frais des procédures instruites devant les cours prévôtales et les tribunaux des douanes, 162. Voyez *Enregistrement* (*administration de l'*).

Ministre des finances; récépissé qu'il doit donner à l'administration de l'enregistrement, en échange de l'ordonnance délivrée par le ministre de la justice, pour le montant des frais avancés par elle, 148.

N.

Notaires. Voyez *Dépositaires publics.*

O.

Objets pouvant servir à conviction ou à décharge ; leur transport fait partie des frais de justice criminelle , 2 ; comment il doit être effectué , 16 et *suiv.*

Officiers. Voyez *Militaires.*

Officiers de justice ; l'indemnité qui leur est accordée , dans les cas de transport, fait partie des frais de justice criminelle , 3 ; comment elle est réglée , 71 et *suiv.* ; sont responsables , solidairement avec les parties , des abus et exagérations dans les frais qu'ils ont taxés , 114 et *suiv.* Voyez *Chirurgiens* , *Tableau des distances* *Témoins.*

Officiers de santé ; les indemnités qui leur sont accordées , pour visite de cadavres retirés de l'eau, et les exécutoires qui leur sont délivrés , pour avoir constaté l'existence de l'empreinte de la marque, font partie des frais de justice criminelle , 5 et *suiv.* ; mode de payement de ces frais , 106 , 109; modèle du mémoire , 213. Voyez *Chirurgiens.*

Opposition ; ce qui doit être fait s'il en existe une au payement d'un mandat ou d'un exécutoire délivré pour frais de justice criminelle , 125 à 127.

Ordonnances de justice ; formalités à remplir pour celles portant fixation de l'ouverture des assises et nomination du président , 85 et *suiv.* Voyez *Affiches* , *Greffiers* , *Impressions.*

Ordonnances de prise de corps. Voyez *Agens de la force publique* , *Huissiers.*

P.

Paiement des frais ; celui d'indemnités dues aux témoins doit être fait dans tous les cas , soit qu'il y ait partie civile ou non, 31 , 32 , 106 , et *suiv.* ; ne peut être effectué que sur l'acquit individuel de toutes les parties

prenantes , ou sur celui d'un fondé de pouvoir, 119 ;
à faire à des héritiers, à une femme veuve, 120, à des
tuteurs pour leurs mineurs , à des émancipés, aux représentans des absens ou interdits , aux créanciers
d'une partie prenante décédée, à des délégataires *ibid,*
en vertu de jugemens des tribunaux, 120 et *suiv.*, en
cas d'opposition ou saisie-arrêt, 125 à 127. Voyez
*Enregistrement (administration de l'), Enregistre-
ment (receveurs de l'), Opposition, Urgens (frais),
Urgens (frais non).*

Paquets. Voyez *Port des lettres et paquets.*

Partie civile ; dans quel cas et comment elle est tenue
des frais de poursuites en matière criminelle , correctionnelle et de police simple, 5 , 131 à 142; dépôt qu'elle doit faire d'une somme , pour sûreté des
frais, 140 et *suiv.* ; n'a pas de privilége pour les indemnités qui lui sont accordées, en cas de condamnation, 172, 173 , 177. Voyez *Administrations, Communes , Établissemens publics, Greffiers, Privilége
du trésor.*

Passe-ports. Voyez *Extraits d'arrêts et jugemens.*

Plaidoyers. Voyez *Greffiers.*

Port des lettres et paquets fait partie des frais de justice
criminelle, 4 ; les fonctionnaires qui ont droit à
des états de crédit, peuvent employer les voies qui
leur paraîtront plus expéditives et plus économiques que
celle de la poste, 69 , 85. Voyez *États de crédit.*

Préfets ; règles qu'ils doivent suivre dans la délivrance
de leurs mandats et l'apposition de leur visa sur les
exécutoires, pour frais de justice criminelle, 124, 125;
registre qu'ils doivent tenir à cet effet et formalités qu'ils
doivent remplir, 146 ; rôles de restitution à dresser
dans le cas d'abus ou surtaxes, 149; mode de recouvrement, *ibid.* et *suiv.*

R.

S.

où elles ont droit à des indemnités pour transport, 72 à 75 ; fixation de ces indemnités, 75 à 79, 183.

Saisie-arrêt. Voyez *Opposition.*

Salaires des huissiers. Voyez *Huissiers.*

Scellés ; les frais de leur garde font partie des frais de justice criminelle, 2 ; taxe, 33 et *suiv.* ; une femme ne peut en être gardienne, 34.

Scribes. Voyez *Huissiers.*

Séjour (frais de) pour l'instruction des procédures. Voyez *Chirurgiens, Experts, Gardes forestiers, Huissiers, Juges de paix, Jurés, Médecins, Ministère public, Sages-femmes, Témoins.*

Séjour forcé (frais de) ; cas dans lequel ils sont dus 77, et *suiv.*

Séquestre. Voyez *Fourrière (mise en).*

Signification. Voyez, *Greffiers, Huissiers.*

Soldats.
Sous-Officiers. } Voyez *Militaires.*

Surannation. Voyez *Prescription.*

T.

Tableau des distances ; il doit, dans chaque département, en exister un indiquant les distances, en myriamètres et kilomètres, de chaque commune aux chefs-lieux de canton, d'arrondissement et de département, 76 et *suiv.* ; il est déposé aux greffes des cours royales, tribunaux de première instance et justices de paix, 77, les magistrats ne peuvent allouer plus de myriamètres qu'il n'en indique, *ibid.*

Témoins ; les indemnités qui peuvent leur être accordées font partie des frais de justice criminelle, 2 ; comment elles sont réglées, 27 et *suiv.*, en cas de maladie 29, 182, en cas de voyage et de séjour, 29, 72 à 80, 182, 183,

Transport des procédures et des objets pouvant servir à conviction ou à décharge. Voyez *Objets pouvant servir à conviction ou à décharge.*

Tribunaux. Voyez *Huissiers.*

Tribunaux des douanes. Voyez *Douanes.*

Tribunaux militaires. Voyez *Déserteurs.*

U.

Université royale. Voyez *Établissemens publics.*

Urgens (frais); ils sont acquittés sur simple taxe et mandat du juge, 106; dépenses que l'on doit mettre au nombre de ces frais, 106 à 109; modèle de ces taxes, 201; états de ces taxes acquittées à fournir par les receveurs de l'enregistrement, 111, 215 et *suiv.*; modèles de ces états, 215, 255; formalités de l'exécutoire du juge, 113 et *suiv.*, de la réquisition du ministère public, 114, du *visa* du préfet, 116, 124; en cas d'abus ou de surtaxe, rôles de restitutions à dresser par les préfets et à envoyer au ministre de la justice, pour être déclarés exécutoires, 149, 225; mode de leur recouvrement 149 à 154.

Urgens (frais non); leur désignation et mode de leur paiement, 112 à 114; taxe, et formalités nécessaires 114, de l'exécutoire du juge, 113, 114, de la réquisition du ministère public, 114, du *visa* du préfet, 116, 124, de celui du directeur de l'enregistrement, 125 et *suiv.*, mention dans les exécutoires decernés sur les caisses de l'administration de l'enregistrement, pour frais qui ne sont point à la charge de l'État, qu'il n'y a point de partie civile en cause ou qu'elle a justifié de son indigence, 142; manière dont les états et mémoires doivent être dressés, 116, 117; formalités à remplir, pièces à produire, et mode de paiement, 117 à 122; le prix du timbre est à la charge de la partie prenante , 117; états ou mémoires qui sont exempts de cette formalité, 118; leur prescription, 122, 123 , désignation des receveurs qui doivent les payer , 127, 128. Voyez *Exécutoires.*

V.

Vacations des chirurgiens , experts , interprètes , médecins , sages-femmes. Voyez ces mots.

Vagabonds. Voyez *Conduite , Extraits d'arrêts et jugemens.*

Visa des préfets sur les exécutoires, 116, 124; des directeurs de l'enregistrement , pour les frais de justice ordinaires, 84 , 125; cas où ils ne peuvent le refuser , 215, 126.

Visa pour timbre des actes et jugemens faits d'office à la requête du ministère public, 93 , 94 , 96, et *suiv.* ; des bordereaux pour inscriptions hypothécaires réquises par le ministère public, 100.

Voirie (grande ; les frais de poursuites en cette matière , lorsque les délits sont jugés correctionnellement ou criminellement, font partie des frais de justice criminelle , 5.

Voyage (frais de) pour l'instruction des procédures. Voyez, *Chirurgiens, Experts , Gardes forestiers , Huissiers , Jurés , Médecins , Sages-femmes , Témoins.*

FIN DE LA TABLE ALPHABÉTIQUE.

NOTE

Sur l'article 63 du décret du 18 juin 1811.

Les taxes des témoins doivent *toujours* être écrites *gratuitement,* par les greffiers ou leurs commis assermentés.

(*Circulaire de Son Exc. Mgr. le garde des sceaux, du 16 juin 1823.*)

www.ingramcontent.com/pod-product-compliance
Lightning Source LLC
LaVergne TN
LVHW010934180726
843502LV00004B/953